用我的

爱心

打动每一个真诚的心灵

用我的

责任

成就每一个上进的学生

天龙校长聊育人

刘天龙——著

河北大学出版社
·保定·

出 版 人：马　力
封面题字：曹贵宝
责任编辑：王殊宁
助理编辑：李　烨
装帧设计：赵　谦
责任校对：刘景坤
特约校对：刘思敏　刘梦洁
责任印制：常　凯

图书在版编目（CIP）数据

天龙校长聊育人 / 刘天龙著 . -- 保定 ：河北大学出版社，2025. 3. -- ISBN 978-7-5666-2620-2

Ⅰ . G631

中国国家版本馆 CIP 数据核字第 2025BL5921 号

天龙校长聊育人
TIANLONG XIAOZHANG LIAO YUREN

出版发行：河北大学出版社

地址：河北省保定市七一东路2666号　邮编：071000
电话：0312-5073003　0312-5073029
网址：www.hbdxcbs.com
邮箱：hbdxcbs@163.com

印　　刷：保定市北方胶印有限公司
幅面尺寸：170 mm × 240 mm
字　　数：187千字
印　　张：13.75
版　　次：2025年3月第1版
印　　次：2025年3月第1次印刷
书　　号：ISBN 978-7-5666-2620-2
定　　价：38.00 元

如发现印装质量问题，影响阅读，请与本社联系。
电话：0312-5073023

序言一
做践行“爱心、责任、敬业”的好老师

刘天龙同志自1989年河北师范学院政教系毕业后分配到邯郸市一中工作至今，我们同事已30余年。是邯郸市一中这所办学思想纯正、文化底蕴厚重、教风学风朴实、教书育人业绩突出的“全国文明单位”“全国（首届）文明校园”淬炼了我们的思想，坚定了我们的职业信念，铸就了我们纯真的友谊。一路走来，天龙从一名青涩的大学毕业生成长为今天的中小学正高级教师、教育专家，这其中有什么奥秘呢？

我认为：刘天龙同志是一名践行“爱心、责任、敬业”的好老师。

爱心是指仁爱之心，是一种关怀、爱护他人的思想感情。子曰：仁者爱人。陶行知说：“捧着一颗心来，不带半根草去。”广义的爱心是指对整个世界的一种爱怜、悲悯的心怀。教育工作者应对事业、生活和学生有博大的爱，对学生充满爱心是教师必备的核心品质，是师德之首。教师的爱是照亮学生心灵的烛光，是教育成功的原动力。所有学生，无论其思想智能高低、行为习惯优劣、家庭条件贫富，都需要教师的爱。教师要用爱贯穿教育的始终，用爱呵护学生成长，用爱培育学生成才。具体来说就是：

1. 关爱学生的思想。教育学生胸怀祖国，树立远大志向，激发学生积极上进的热情，做到尽心指导。

2. 关爱学生的学习。帮助学生端正学习态度，制订科学的学习计划，采取有效的学习方法，做到诲人不倦。

3. 关爱学生的生活。公正地对待每一名学生，与他们平等相待、促膝谈心，帮助他们解决实际困难，做到无微不至。

4. 关爱学生的成长。站在尊重、理解、爱护的角度，帮助、教育、指导学生解决好成长过程中遇到的问题，让学生学会感恩、宽容和负责，做到博爱无私。

30多年来，天龙同志一直站在教书育人的讲台，并多年担任班主任。他很少严厉训斥学生，总是和风细雨、充满爱心。正因为如此，学生的心里话才愿说给他听，家长有难题才信任他、请他帮忙出主意或出面解决。常言道："送人玫瑰，手有余香"。也是在与学生或家长的爱心交流中才产生了这本集子，可以说，这是他工作的实录与爱的见证，字里行间无不充满着一名教育者的爱心。

责任是指一个人担负的使命和应尽的职责。百年大计，教育为本；教育大计，教师为本。教育承载着民族的希望、国家的未来，教师肩负着为党育人、为国育才和培养人才、振兴中华的重任。教书和育人是教师责任的核心内容。以自身高尚的品行为表率，以自己深厚的学识为基础，努力培养身心健康、品格健全、基础扎实，敢于战胜困难，勇于开拓创新的青少年是每一位教师所必须承担的重大责任。具体来说就是：

1. 对自己负责。规范自身行为，不断提高个人修养，严于律己，廉洁从教，诚信执教，做到为人师表。

2. 对学生负责。帮助学生树立正确的世界观、人生观、价值观，指导学生学习科学文化知识，引导学生养成良好的学习和生活习惯，教育学生珍视生命与安全，做到忠于职守。

3. 对家长负责。牢记教书育人的神圣使命，加强与家长的联系，实现家校和谐沟通，做到尽心尽责。

4. 对民族负责。认识到教育关乎国家的发展、民族的未来，针对不同基础的学生因材施教，努力培养高素质人才，做到全心全力。

30余年来，无论是担任教师、班主任、年级主任还是教育处主任、校长助理，在每一个岗位上，天龙做到了尽职尽责，勇于担当，从来没有因个人利益或其他原因置工作、事业于不顾，始终把教书育人作为自己的崇高使命，即使是寒暑假或周六日，他也经常出现在校园里，做到了以校为家、主动担当。正是这种工作精神，使他有了更多的感悟和收获，从实践走向理论，形成了自己的育人理念。

敬业是指敬重自己的事业，全身心地投入工作。它是爱心与责任在教育事业平凡岗位上的直接体现，是确保事业蓬勃兴旺、发扬光大的精神保证。教师的无私奉献、辛勤耕耘彰显师爱的博大与高尚，映射出育人事业的不平凡与责任的重大。具体来说就是：

1. 热爱事业。对教育事业满腔热忱，对学生耐心教导，注重细节和过程，做到历久弥新、活力永驻。

2. 强化学习。全面、系统掌握本专业的知识和技能，关注学科发展的最新成果，终身学习，学而不厌，做到素质过硬、学识过人。

3. 积极进取。具有精益求精的工作精神和孜孜不倦的学习态度，做到勇于探索、开拓创新。

4. 崇尚奉献。具备健康的体魄和艰苦奋斗的作风，全身心投入教育事业，做到倾心尽力、无怨无悔。

30余年来，天龙同志的成长毫无疑问得益于邯郸市一中这个优秀的集体及其同事，而其爱岗敬业的精神则是最重要的原因。无论是来自学生的什么问题，他都记在心头，想法解决；无论是多么另类的学生和家长，他都敢于直面，从不回避推诿，也正是在解决一个又一个问题中、在化解一个又一个教育危机中，推动了他深层次的思考，提升了他的教育艺术水平，积累了他的教育智慧、丰富了他的教育思想，使他从一名普通教师成长为一名专家型教师。

“一个人遇到好老师是人生的幸运，一个学校拥有好老师是学校的光荣，一个民族源源不断涌现出一批又一批好老师则是民族的希望。”祝愿我们邯郸市一中的每一名教师都能成为践行“爱心、责任、敬业”的师者楷模！祝愿我们的团队里有更多的教育家型教师涌现，愿我们每一名邯郸市一中的教师都能够成长为习近平总书记所讲的好老师！

邯郸市第一中学校长　高玉峰

2021年2月18日

序言二
做负责任的教育

在教育的广阔天地中，每一位教育工作者都是一颗璀璨的星，照亮着孩子们成长的道路。今天，我们有幸迎来一位这样的教育巨星——刘天龙校长。作为邯郸市星博桃源高级中学的首任校长，刘天龙把“用我的爱心打动每一个真诚的心灵，用我的责任成就每一个上进的学生”的教育理念作为自己的座右铭。他始终相信每个学生都是独一无二的个体，都拥有无限的潜能。他善于发现每一位学生的闪光点，用爱心和耐心引导学生，帮助他们找到自己的成长道路。这种理念不仅体现了他对教育的热爱，更展现了他对学生的关爱。他坚信，每一个孩子都是一颗有待开发的宝藏，每一个孩子都有可能成为社会的栋梁之材。刘天龙校长教育的最大特点是，他倡导以人为本的教育理念，不单单是知识的灌输，更是心灵的对话，是生命的互相影响，是一个灵魂唤醒另一个灵魂。

刘天龙校长毕业于河北师范学院，这所历史悠久、声誉卓著的学府，培养了无数优秀的教育工作者，也为刘校长后来的教育教学和管理生涯奠定了坚实的基础。

在三十余年的教育教学工作实践中，刘天龙校长以其深厚的教育情怀、丰富的育人经验和独特的个人魅力，在教育的田野上孜孜不倦地耕耘，播撒下一颗颗希望的种子，积累了丰富的经验。这些经验如同一块块珍宝，不仅帮助他更好地指导学生，更成为他撰写《天龙校长聊育人》一书的灵感之源。

《天龙校长聊育人》一书，是刘天龙校长多年来教育教学经验的切身体会，也是他对自己教育实践深刻思考的结晶，字里行间饱含着他对教育事业的热爱，对学生的关爱和对教育未来的期盼。本书具有以下特点：

a. 实用性强：书中结合实际案例，深入浅出地阐述了如何培养孩子的品德、学习能力和生活技能，为家长提供了切实可行的教育方法。

b. 亲情关爱：刘天龙校长在书中倾注了对学生的关爱，让家长在阅读过程中感受到教育的温暖，体会到作为父母的责任与担当。

c. 个性化指导：针对不同年龄段和性格特点的孩子，书中提供了个性化的教育建议，帮助家长更好地了解和引导孩子。

d. 理论与实践相结合：书中既有教育理论，又有实际操作方法，使家长能够更好地应用于家庭教育，助力孩子的健康成长。

总之，《天龙校长聊育人》不仅是一本教育心得，更是一本充满智慧和温度的人生指南。它适合每一位教育工作者阅读，也适合每一位关心教育、关注孩子成长的家长研读。通过阅读这本书，家长们可以更好地了解孩子的成长需求，为他们的健康成长提供有力支持。

在这个充满希望的时代，让我们共同期待刘天龙校长和他的教育智慧，为更多家庭带来教育的思考与策略，助力孩子们在人生的道路上健康成长。

北京星博教育科技有限公司董事长 胡志江

2025 年 2 月 6 日

前　言

“关于育人，我有话想说。”

“龙哥开通微信公众号了?”

“不可能吧?”

这是朋友们得知我开微信公众号后的第一反应。

的确，平时我几乎不上微信，更别谈什么公众号了，手机对我来说就是接打电话、发个短信。大家别笑我，大年初一初二我给朋友们回复的200多条祝福短信均是逐条点击发出去的。一是我太笨，不会群发；二是表示对朋友们的尊重。至于说我的电脑怎么使用，无非是看看新闻、查查资料而已。

那为什么这次出乎大家所料开通了微信公众号呢？这还得从平时工作时所见所闻、接触到的一些事情说起。我的微信公众号名曰“刘主任聊育人”，一看名称就知道我想通过这一平台聊什么内容了。自1989年大学毕业到邯郸市一中工作以来，从任课教师到班主任、再到担任年级主任和负责学校教育管理工作，20多年来，因工作原因我到过几十所中学和大学，接触过形形色色的家长，熟知各层次学生，从多个渠道获知了不少教育信息，不谦虚地说可以算半个教育内行了。成功的教育案例我掌握，遗憾的育人材料有留存；本地的办学思路我清楚，外地的先进理念也了解。

正因为如此，我一直想对“育人”一事谈些看法、提些建议。育人本是社会、学校、家庭共同的责任，但是不知从何时起，媒体对教育方面的正面典型关注少了，反而抓住偶然发生的负面新闻深入报道(在这里，并不是说不让社会监督)；教育工作本是“十年树木、百年树人”之战略工程，但一些学校却把育人当作面子工程，急功近利；学校本应“培养德智体美劳全面发展的社会主义建设者和接班人”，但个别学校的个别教师却把“传道授业解惑”简化为“授业”，做人的“道”不传了，学生的“惑”不解了；作为父母，初心是希望孩子快乐成长、身心健康、学有所成，最后却一而再、再而三地给孩子加压加码，以致孩子失去了天真，没有了笑脸，留下了不解、困惑和郁闷。可怜的是孩子，不幸的是……

这是你的责任、我的责任、他的责任，我们大家共同的责任。

2017年春节，女儿放假回来，一家人聊起了关于孩子的培养话题，她非常理解、支持我在教书育人方面的一些看法，于是孩子帮我申请了个人微信公众号——“刘主任聊育人”。

“关于育人，我有话想说。”

目　录　Contents

第二部分　教育情怀

第一部分　负责任的教育

1. 孩子成长的三个层次

望子成龙，望女成凤，可谓人之常情，是大多数家长都有的心愿。在竞争日趋激烈的今天，在生活水平不断提高的家庭环境下，家长越来越重视对孩子的培养，他们对子女寄予了莫大的希望，可眼前的现实往往是孩子的发展不尽如人意，甚至和家长的培养目标和要求相距甚远，且不知问题出在哪里，以致家长无所适从、怨天尤人，或者干脆放任不管，任其随便。

有人说培养孩子靠方法，也有人说培养孩子靠经验，而我认为培养孩子应该是一门艺术。

下面我谈一下在子女培养上的一些思考。在孩子培养目标上我认为可以有三个层次。

第一个层次：培养孩子“成人”。

也许有家长说，现在家庭条件好了，生活改善了，哪个父母不能养活孩子？把孩子培养成人，这也是个问题吗？其实我这里要求的培养孩子“成人”包括两个方面，即身体强壮、心理健康。

“十月怀胎，一朝分娩”，孩子来到世上是家庭的幸福，是国家的希望，父母和爷爷、奶奶、姥姥、姥爷无不在吃穿住用等方面争先恐后给予孩子无微不至的关怀和照顾，但是我们是否想过孩子的合理饮食、科学营养呢？是否考虑过荤素搭配、粗细混合呢？特别是不少家庭认为养孩子就是让孩子吃饱、穿好，孩子想吃什么就吃什么，想穿好的就买好的，就怕亏待了孩子，以致把孩子的成长需要仅仅归为物质需求。

当然还有的家长在孩子上学后就认为可以放松一下了，于是家长早晨不愿意给孩子做饭时，就让孩子拿点零花钱在外边买个早点了事，至于课余时间孩子吃个辣条、烤串那是常事。长此以往，孩子被路边的油炸食品吸引，喜欢上了街边小摊上的快餐，这样会让孩子营养合理、身体健康吗？这都不是正确的培养孩子方式，更不利于孩子的身体健康。

孩子的心理健康越来越受到家长的重视。家庭是孩子成长的第一所学校，父爱如山，母爱似水，缺少了父爱，孩子就没有了果断、坚韧和刚强；缺少了母爱，孩子就失去了细致、宽容和善良。如果孩子能生活在“山”“水”之间，那该是多好的家庭氛围！

现在，不少孩子小时候天真烂漫、活泼可爱，敢说敢做、乐观自信。但是随着年龄的增长，却变得日渐内向、不善言辞，经不起挫折，或者有了不良的性格取向。比如现在不少孩子喜欢在外边和伙伴聚会，乐于身处陌生人之间，讲哥们儿义气，甚至敢聚众闹事。究其原因，很大程度上是因为孩子缺少父母的关怀，缺少和家庭成员的沟通，渴望家人的陪伴。孩子出现心灵的扭曲，难道只是孩子的责任吗？难道父母不该反思吗？愿我们家长对孩子用心培养、正确引导，不仅让孩子身体强壮，还要培养孩子有开朗热情、待人坦诚、勇于负责、正视困难等健全的人格。

第二个层次：培养孩子“懂事”。

任何一个懂事的孩子的背后都有一个懂事的、会培养孩子的家长。孩子懂事是家长教育的功劳，如果孩子不懂事，则家长负有不可推卸的责任。好的家风是家庭（家族）的灵魂，“父母是孩子最好的老师，也是终身老师”，家人的言传身教对孩子为人处世影响很大。

培养孩子懂事要从点滴做起。中国是一个非常重视家庭成员纵向关系的国度，中华民族有着尊老爱幼的传统美德，让孩子尊老爱幼是基本要求。如果有客人到访，家长能够要求孩子学会礼貌应对，长幼有序，则会让孩子养成良好的社交礼仪习惯。如果家长平时能以身示范，则孩子在家庭环境中耳濡目染就会自觉主动很多。培养孩子懂事还要教育孩子学会感恩、学会赞扬、学会爱，“滴水之恩，当涌泉相报”，当他人给孩子关照时，家长一定提醒孩子说声“谢谢”；当孩子给予别人帮助时，家长一定要给予肯定；当孩子学习有进步时，家长一定要及时给帮助他的人点赞，等等。久而久之，你的孩子学会了感恩，知道了同情，心生了爱心，一个懂事的孩子就会在不知不觉中培养成人。

第三个层次：培养孩子“成才”。

怎样算成才？有人说成才就是孩子在学校是学霸，考上最好的大学；有人说成才就是腰缠万贯，身家上亿；还有人说成才就是出类拔萃，当同行中的佼佼者。不同的人心中有不同的成才标准，我认为，成才就是孩子在外边无论学习还是工作都可以让家长放心，成才就是由于孩子的工作可以让所在单位从经济效益和社会效益上受益，成才就是因为孩子的努力可以给国家和社会带来正能量，成才就是无论他从事什么工作都可以做最好的自己。

培养孩子成才是育人的最高目标，而只有孩子德智体美劳全面发展，才能说是真正成才。有的学生大学考上了但是身体垮了，还有的学生考上了大学又因不能自立而退学，更有学生文化成绩优秀但价值观扭曲、不思进取，最后难以成就大事。据媒体报道，湖北某地一名成绩优秀的高中毕业生高三时曾获全国中学生化学竞赛决赛二等奖，并被保送到北京一所著名高等学府，大学毕业后返乡创业，成为地方政府重点关注的对象，后却因犯制造、贩卖、走私毒品被公安部列为督办特大案，这一结果值得每个家长和教育工作者认真反思。

孩子成才就是让孩子人格健全，就是让孩子素质全面，就是让孩子有进取心，就是让孩子有终身竞争力。

如果孩子没有自我发展能力，即使家长给留下再多的遗产，也可能沦为乞丐；如果孩子没有竞争力，即使家长给留下再多的房产，也可能无家可归。

愿我们的孩子都能健康成长、专业突出、素质全面，成为中华民族伟大复兴的栋梁之材。

2. 培养孩子优秀的道德品质

《易经》说："天行健，君子以自强不息；地势坤，君子以厚德载物。"可见我们的先贤早就认识到了培养一个人优秀品质的重要性。下面我想专门谈一下家长对孩子道德品质的培养。

道德就是人们共同生活及其行为的准则和规范。道即万事万物的运行轨道或轨迹；而德源于甲骨文，是会意兼形声字，它的左边是"彳"，表行走之义，右部是"直"字，表示眼睛要看正，二者结合就是要求人"行得正，看得直"。后来人们又在右边的眼睛下边加了一颗"心"，即除了行正、目正外，还要心正，可见人们对德的要求越来越高了。

中华民族历来重视对人的道德品质的培养，古代强调一个人要讲仁、义、礼、智、信，现在讲要树立社会主义核心价值观，大力发展素质教育，等等。但是在市场经济大潮中，在开放的环境下，功利主义思潮不断涌现，个别人大讲物质利益至上，不少家长也放松了对孩子道德品质的培养，有的不负责任的学校也是一味地迎合家长的不合理要求，大搞应试教育，放松对学生道德品质的培养。长此以往，不仅不利于孩子的健康成长和全面发展，也必将影响我国社会主义建设事业的发展。因此，立德树人刻不容缓。

培养孩子优秀的道德品质应该从以下几方面入手。

一、培养孩子的爱国之心

对我们每一个中国人来说，爱国之心是对伟大祖国的一种最深厚的感情，它是维系中华各民族共同生活的精神纽带，是支撑中华民族生存发展的精神支柱，是中华民族精神之魂。

中华民族有着五千年的文明史，我们祖祖辈辈生活在这片沃土上，创造了灿烂的文化。在经济全球化的今天，国与国之间人员往来频繁，但无论你身处何地，都应心系祖国。对每一个中国人来说，只要你生长在这里，你就会接受祖国母亲的滋养，你的精神生命里就会流淌着中华民族的血液，即便你走出国门，支持着你的也是中华民族勤劳勇敢、自强不息的精神。因此，每一个有爱国之心的中国人，无论你身居何处，祖国永远是你的后盾。如果你在国外求学，你可能会说“世界就是地球村，科学是没有国界的”，但是别忘了“科学家是有祖国的”。

也许祖国在哺育她的儿女上还有欠缺，但“儿不嫌母丑”，我们每个人都是中华民族的一员，都是生长在中华民族这棵枝繁叶茂的大树上的一片树叶，而这棵大树生长的神州大地，就是我们生息繁衍的地方，家长和老师一定要教育孩子热爱这片山河故土。

“家是最小国，国是千万家”，我要提醒每一个孩子，或许你现在年龄还小，不能完全理解家国情怀的深刻内涵，但每一个懂事的孩子不能不爱生你养你的父母，当你成才立业时，请别忘记为你负重前行的家人，更别忘记为我们的祖国排忧解难、为祖国的发展添砖加瓦。

二、培养孩子的仁爱之心

什么是仁爱之心？“仁”从人从二，就是提醒我们每个人无论是生活还是工作，都不是“我”一个人存在，不是“我”一个人单打独斗。它提醒人们要将心比心对待每一个人，设身处地为他人着想，多宽容、理解和关心他人。

在现实生活中，不少家长爱说孩子“不懂事”“爱吃独食”“和别的孩子玩不到一块儿”。说实话，这和家长的教育有很大关系，多半是由于父母对孩子的溺爱、不注意对孩子的教育和引导造成的。在当下“421”家庭模式下，大人在孩子教育上往往过多关心“人人为我”，而忽视孩子的“我为人人”，不经意间就把孩子的爱心给剥夺了，长此以往，孩子就只知道索取，不知道给予，觉得人们关心他是理所当然的，别人对他的照顾是应该的，而对他人的关照好像和自己无关，一旦有不合自己心意的事就会不满意，一旦达不到自己的目的就要责备和埋怨。

所以，作为一个对孩子负责的家长，就要从小给孩子在内心种下一颗善的种子，教育孩子体谅父母、善待他人、宽容大度、广交朋友，让爱心在孩子心里慢慢扎根，让“老吾老以及人之老，幼吾幼以及人之幼”的美德随着孩子的成长而不断扩展，让孩子的周围充满和谐和善良。

三、培养孩子的责任意识

责任就是做好自己该做的事情。我们说每个人来到世上都要扮演不同角色，在父母长辈面前，你要尽善尽孝，尽到赡养义务；在子女晚辈面前，你要抚养监护，负起教育责任；走上工作岗位，要尽职尽责，承担起工作义务；步入社会，应该礼貌谦让，履行公民义务。有责任意识要求我们扮演好自己的角色，时时处处尽到对自己、对家庭、对他人、对集体、对社会、对国家的义务。

经常有家长说孩子不省心，上学忘这忘那，什么都必须让家长提醒，自己的生活起居，也离不开家长的督促，好像除了文化课学习其他事都和他无关。这都是孩子责任意识淡漠的表现。现在的孩子生长环境优裕，享受多吃苦少、赞誉多批评少、独处多群居少，以致自我意识强，责任意识弱。

培养孩子的责任意识，要求家长多给孩子锻炼的机会：居家和出门在外，孩子能做的事尽量让他自己做；有集体活动时，要鼓励孩子勇于参与；当孩子取得成绩和进步时，要及时给予肯定和表扬；由于孩子自己的过错而给他人和集体、社会造成损失和不良影响时，则要教育孩子不推卸责任，主动承认错误，勇于担责。

自己的事自己做，别人的事帮着做，集体的事主动做，社会的事不能没有我——这就是责任意识的最好体现！

四、培养孩子诚实的品格

2006年，邯郸市一中向在校生、毕业生、教职工、家长及社会征求学生的核心品格内容，结果“诚实”得票率最高，是大家公认的学生最基本道德品质。

“诚实”就是要求一个人言行一致，表里如一，不弄虚作假，不文过饰非，不歪曲事实真相。

培养孩子诚实的优秀品格，要求家长尊重孩子、信任孩子，多听孩子的心声，不要把自己的主观判断强加给孩子。当你不尊重孩子的想法时，孩子就会隐瞒真相；当家长把主观想法强加给孩子时，孩子就会讨好家长。所以家长不要认为孩子小就不尊重孩子的想法。即便孩子的想法幼稚，那也是他真实的想法，家长尊重孩子，能和孩子沟通交流，才能因势利导，培养孩子诚信的品质。

立身处世，当以诚信为本。只有将心比心，以诚相待，你周围的人才会了解你、信任你、支持你，你在学习上才会有帮手，工作上才会有助手，生活中才会有挚友。

“德不孤，必有邻。”“得道者多助，失道者寡助。”“诚实是公民的第二个身份证。”这些说法很有道理，让我们家长帮孩子搭建一座与人沟通的桥梁——诚实的品格。

五、培养孩子的感恩之心

“滴水之恩当涌泉相报”，所谓感恩就是要对他人为自己提供的帮助有感激之情。一个不知道感恩、不知道报答他人和社会的人，不是一个人格完整和心灵健康的人。

人的本质属性是社会性，一个人无论身处何时何地，不管做什么工作，都不是独立存在，都不可能孤军奋战，都需要别人的关心和帮助，哪怕是他人的一点儿支持和配合。学会感恩是一种积极的人生观，拥有一颗感恩的心，才能懂得生活的真谛。因此父母一定要引导孩子学会感谢，感谢父母、感谢老师、感谢他人、感谢这个地球的美好，一个孩子如果有一颗感恩的心，就会得到他人的信任，就会得到生活的青睐与照顾，就会建立一个和谐的人际关系。

优秀的道德品质对孩子一生非常重要，而道德品质的修养是一个不断完善提高的过程。我们一定要教育孩子严于律己，不懈修炼，做到“吾日三省吾身”“有则改之，无则加勉”，从细节做起，从小事做起，持之以恒，为成就美好人生奠定坚实的精神基础。

3. 培养孩子的意志品质

通过我的一个已参加工作的老学生的介绍，一对夫妻专门过来找我聊孩子教育的问题：“刘老师，在朋友圈里我读到了你的文章，然后关注了你的微信公众号，看你写的系列文章好像培养一个优秀的孩子很简单，跟玩儿似的，但我们两口子觉得养个孩子太难了，现在是力不从心，无能为力，不知道咋办才好。”

原来他们的孩子从小活泼好动，做什么都没有耐心，做啥都坚持不下去。现在上初中了，依然被老师反映上课走神、心不在焉，不到下课心早就飞出去了。

我冒昧地问了一句："孩子小时候，你们给他买的玩具是不是很多?"妈妈看了看他爸，微笑着说："嗯，是的，全家就一个宝贝儿，亲戚们谁来都买，满地都是。"

我点了点头，知道了问题的缘由。

上大学期间经历的一件事至今我记忆犹新。那是大三的一个周末，我们师院政教系选派代表到石家庄陆军学院搞师生联谊活动，因两校相距较远，晚上活动结束后就在陆院住了一晚，第二天早晨，起床的军号声一响，陆院各专业学生便一溜儿小跑到操场集合，我第一次真正感受到了"军令如山""服从命令就是天职"的内涵。

我也随军号声早早起来在校园转转看看，我发现校园干道上有学生在打扫卫生，就凑了上去，在我看来，说是搞卫生吧其实地上就几片树叶，但他们依然打扫得一丝不苟，我有点儿莫名其妙，就问道："同学，这地上挺干净的，你们咋还打扫得这么认真?"

"啊！这是任务，我们老师说了，有垃圾扫垃圾，没垃圾就是锻炼我们的意志!"我一时愣了神，不知说什么好，顿时对他们充满了敬佩之情，"养兵千日，用兵一时"，优良的军人品质就是这样磨炼出来的。

优秀的意志品质对一个人的成长至关重要，它是人们克服困难的前提，是取得成功的重要保证。作为家长，我们不应该老说孩子习惯不好、信心不足、意志不坚定，而是应该反思一下我们是否给了孩子锻炼意志品质的机会。

一、培养孩子做事的自觉性和主动性

培养孩子的自觉性和主动性就是激发孩子的兴趣，让孩子愿意去做某件事情。

对一个新的生命来说，世界上的任何东西都是陌生新鲜的，见什

么都会好奇。我不否认孩子先天个性的遗传，但要更注重后天环境对孩子的教育和引导，就拿给孩子买玩具来说，我很不赞同给孩子买太多的玩具，更反对毫无目的地买各种各样的玩具。小孩子的玩具不是越多越好，而要有针对性和导向性，否则会让孩子在众多的玩具里眼花缭乱、喜新厌旧，对哪件都不会好奇探究，更别说锻炼意志力。

我曾对同事半开玩笑地说："家长总是埋怨孩子没玩具，我推荐一个好游戏：端一盆水，拿一个乒乓球，让孩子把乒乓球摁下去再漂上来，摁下去再漂上来，就这足够孩子玩儿半天了，既培养了动手能力，又培养了物理学的想象力，多好的一件事情。"

培养孩子的意志力要求我们家长在孩子做某件事情的时候，尽量减少外在的诱惑，避免孩子的分心，同时加以合理的引导，启发孩子主动探究，这样才能让他沉下心来、专注投入，自觉主动、意志坚定。

二、培养孩子处理问题的果敢性

"果敢"就是果断决策、敢作敢为，它是一个人成熟的重要标志。

曾经有一位家长给我说："孩子高考后要报志愿、选专业，我们问孩子学什么，结果孩子反问道：'从小到大都是你帮我拿主意，到了高考填志愿的时候，你突然让我选择，我怎么会知道该怎么选！'问得我是哑口无言。"

我们都知道老虎是兽中之王，但也许你不清楚它是怎么锻炼出来的，在小老虎长到三个月左右时，虎妈妈就捉来一些小动物给它认识，随着小老虎慢慢长大，虎妈妈还会把一些较大动物放在小老虎的前面，让小老虎锻炼捕食本领。当小老虎长到一岁时，虎妈妈就带领小老虎去独立猎取一些小动物。这样经过两年多的训练，老虎妈妈就不再照顾小老虎，于是就把它驱逐出窝，让它独自穿行在丛林之中，最后占山为王。

在大人的眼里，孩子是永远也长不大的，于是事无巨细替孩子忙前忙后、大包大揽。但孩子终究要一天天长大，早晚要成家立业，独自生活，这时如果孩子没有独自处理问题的能力，那怎么能经得住社会的挑战和生活的压力！所以一个真正对孩子负责的家长一定要在孩子成长的过程中适时放手。但事实如何呢？据我观察，家长送孩子上学或访校的时候，都是千叮咛万嘱咐，甚至一天三餐吃什么交代得都是一清二楚，根本不允许孩子动脑筋思考。所以说不是孩子懒，而是家长太勤快；不是孩子拿不定主意，而是家长根本不给孩子考虑问题的机会。

培养孩子的果敢性就是要培养孩子的决策能力，这就要求父母学会给孩子提供解决问题的机会，让孩子学会思考、让孩子拿主意，否则孩子一旦真的遇到问题，只会优柔寡断，退步不前。

在我们家长事无巨细地关心孩子时，我们不是在培养孩子，而是在阻碍孩子的自我成长。

三、培养孩子处理复杂问题的坚韧性

“经历是一笔财富”，这经历有顺境、甜蜜和成功，更有逆境、苦涩和失败，如果说前者培养人必胜的信心，那后者则能磨炼人坚强的意志。

在实际的生活中，不少家长担心孩子受苦受累，于是只要孩子稍微遇到点儿困难和挫折就坐立不安，出手相助，甚至是代为解决。我曾在家长课堂上举例说：“如果留心的话你会发现，凡是爸爸带孩子出来转，多半是爸爸在前，孩子在后，一旦孩子摔倒，爸爸一般是扭头站在原地不动说：‘快起来，要不我走了，不管你了啊！’于是孩子哭着爬起来，继续跟在后边走。而只要是妈妈带孩子出来，则一定是孩子在前，妈妈紧跟在后，并且一直会提醒孩子，一旦孩子摔倒或地上有点儿不平，则妈妈一定是抱起孩子说：‘看看，不让你自己走非要走，让妈妈抱起来吧！’”试想，如果只有妈妈的呵护，怎么能锻炼孩子勤劳勇敢、自强不息的精神，孩子怎么能在困难面前坚忍不拔、不屈不挠呢？

“自古雄才多磨难，从来纨绔少伟男”，尽管现在一般不需要我们再“劳其筋骨，饿其体肤，空乏其身”了，但“苦其心志”还是必不可少的。因此，家长应该多给孩子锻炼的机会，尤其是困难和挫折的经历。

青少年有非常强的可塑性，他们的适应性很强、潜力大，只要我们正确引导、敢于放手，就一定能培养出孩子“咬定青山不放松”“任尔东西南北风”的优秀意志品质和必胜信心。

4. 科学定位，激发孩子潜力

上周，学校新一届广播站的纳新工作给我的触动很大。

往年的社团纳新程序很简单，参考候选学生的文化成绩，现场念一段稿子，然后几位老师打分商量即可。为进一步规范选拔程序，挖掘学生潜能，今年学校邀请中国传媒大学毕业的、有相关经验的行家里手担任评委，并且分为播音员、编辑和记者三个岗位，考核内容有自我介绍、才艺展示和现场提问三个环节。本以为内容烦琐、环节多余，学生会草草应付，但出乎我意料，多数参选学生准备充分、才华出众，有的报播音员兼记者，有的报播音员兼编辑，特别是有两个学生只报编辑岗位，不兼报其他岗位，我很感意外。确实，人各有志，每个学生都有自己的人生追求。那么，作为家长该如何给孩子一个合理的定位，激发孩子潜力，促使其成才呢？

一、结合兴趣爱好，定位发展方向

俗话说，“萝卜青菜，各有所爱”“兴趣是最好的老师”。家长给孩子的发展定位，首先是发展方向的定位。孩子的个性特征、家教氛围及外部环境都会影响到孩子的专业发展取向，人一生最大的幸福莫过于做自己喜欢的事情，因此家长切不可给孩子主观定位。

前些天，一位家长和孩子因为工作的事闹得不可开交，最后谁也不理谁。原因是孩子对美甲职业很感兴趣，也进行了理论学习和专业尝试，立志毕业后自己闯出美甲新天地，实现人生价值。但妈妈坚决反对，一直想给孩子找一个“高层次”的、“体面”的国企工作单位。于是我想到曾读过的一篇文章：一个中国人在美国工作，一天一名美国同事说孩子考上了哈佛大学，要中午请大家吃顿饭，他上午一直猜想着会到什么高档的饭店庆贺庆贺，毕竟是考上了哈佛，结果中午下班后，美国同事把大家领到了家里请客，关键还只是考上学的孩子在家做了几个菜。他很纳闷，更让他感到不可思议的是，吃饭时一位美国同事说：“你孩子做菜这么好，为啥不学厨艺呀?”家长认真地回答说：“孩子喜欢上哈佛。”

在美国，孩子“喜欢”就是最主要的决策参考，因为人家更多关注的是孩子的兴趣，成就孩子的理想，而中国的家长往往爱用孩子来完成自己的梦想，因此才导致中国不少的孩子一生碌碌无为，难有成就。

家长给孩子正确的方向定位就是引导孩子而不是左右孩子，帮助孩子而不是代替孩子，也就是因势利导，成就孩子梦想。

二、合理预期，让孩子体会到成功的快乐

人的潜力是巨大的，但要循序渐进。由于孩子原有基础的不同，考试内容的差异，在学习成绩上家长绝对不要一味地提目标、定要求，而要根据孩子自身的情况在每个阶段提出合理的预期，“蹦一蹦能够得到”就是合理的成绩定位，太低不利于孩子潜力的挖掘，太高可能让孩子遭受不必要的打击，体会不到成功后的信心和勇气。

某年 4 月份，我主持召开了高考前的一次家长会，主要内容是要求家长配合学校做好后勤保障和考前心理疏导工作，特别强调家长要给孩子一个科学的定位：一是名次为主，分数为辅，因为分数高低受考题难易程度影响。二是取最近两三次成绩的平均值作为孩子下一次成绩的合理预期。会后一位和我较熟悉的家长来到我办公室，第一句话就是："刘主任，你看孩子这次成绩又下降了，咋办呢?"

"这次多少名?"我问道。

"230多名，上次已经进到了前200!"

我压了压气，然后和家长认真分析了孩子的成绩，严肃明确地告诉他不要给孩子提出过高要求，因为我知道他孩子高三第一学期末还没进过年级前300名。

失常和超常成绩都属意外，都不能作为家长对孩子成绩的评判标准，最多只能做奋斗的目标和失利后的教训。苏联教育家苏霍姆林斯基说："一个孩子如果从未品尝过学习、劳动的快乐，从未体验过克服困难的骄傲，这是孩子的不幸。"因此，我们只有给孩子一个科学的定位，才能让孩子在奋斗中体会到成功的喜悦，增强信心，进而冲击更高的目标。

三、考虑客观因素，为孩子科学定位

前两条建议是从学生和家长的角度考虑如何定位，侧重的是内因，而在给孩子进行学习和生涯规划定位时，外部的客观条件是不能忽视的。记得有人说："努力做到你能做到的一切，但一定要适应你不能改变的环境。"这样可以少走弯路。

在给孩子定位时，要考虑的客观因素有社会对人才的需求变化、家庭的条件、你能得到的师资力量等。这些都是外在的客观因素，一时难以改变。一方面社会发展日新月异，我们要主动跟上时代步伐，解放思想，发挥孩子的聪明才智，努力成就孩子的梦想；另一方面还要从现实出发，考虑客观实际，做出合理选择。有一位家长在孩子上到高三时和我聊起当年给孩子的专业选择问题，她的孩子自觉性较差，文化成绩不好，家庭教育也不到位，后来听说走艺术线对文化成绩要求低，于是让孩子选择了舞蹈。当然孩子身体条件还算可以，但高额的专业培养费，尤其是高三关键时期还要勒紧腰带到北京找专家高价指导，使家长陷入进退两难境地。尽管孩子最终也勉强考上一所专业学校，但是，若能考虑到家庭的经济承受力，引导孩子走文化线，而把专业当作特长爱好，我认为那是更科学的选择。

从孩子实际出发而不是主观臆断，在变化中把握规律而不是一成不变，才能给孩子的成长发展做出正确合理定位，才能激发孩子的潜力。愿孩子们在正确的目标引导下成就美好的理想！

5. 师生关系怎能后退到这地步？

尽管这事儿已经过去快一个月了，但一想起来就感到非常担忧、揪心，甚至是一种气愤。

6 月 23 日，让考生和家长焦虑等待的 2018 年高考分数公布了。多年来，我一直负责学校教育工作，可以说，对高招政策还是比较了解，对大学志愿填报还是有一定研究的，所以每年高考成绩出来后，都会有同学、朋友和学生过来找我，让我给他们指导高招志愿的选择填报。

25 日上午，我的一个大学同学带着他外甥过来，让我给孩子指导一下志愿填报的事儿。在谈话中我才知道，这孩子当年的中考成绩很好，可在别人的建议推荐下，到了外市的某中学就读。

我问孩子："你问过班主任老师你的成绩在学校处于什么档位、志愿该怎么填报吗？"

孩子犹豫了一下，摇头低声说"没有。"

"为啥不先问一下你老师的建议？老师应该对你们是最了解的呀。"

孩子看着我，不吭声。我提醒道："说吧，我和你舅舅是同学，又不是外人。”

“说吧，别不好意思。”舅舅又提醒他。

稍停片刻后，他说：“6月7日、8日高考结束，我就再也不想回学校了。在毕业典礼结束后，老师也不给我们学生留电话，还给我们学生说：‘你们毕业了，我下学期也该接新学生了，以后你们就别来找我了。’”

孩子接着说：“总算熬过来了，三年了，可以说，我从来没有感受到学校和老师的温情，平时，只要哪个学生违纪犯了错误，不管什么原因，老师基本上不会给学生谈话交流，就是生硬地按班规班约、校规校纪处理，如果谁有意见，老师就会说：‘那你就别在我班了。’尤其是学习差一点的学生。”“说句实话，我也不想回学校见老师了。”

孩子的回答让我非常惊讶。

“一日为师，终身为父。”在我的思想里，师生关系是一种亦师亦友、充满亲情的永久记忆，尽管在市场经济条件下，传统的师生关系发生了微妙的变化，但也不至于沦落到这种推脱、反感、不想见面的地步吧！

后来我静下心一想：“啊！这不就是一些学校急功近利的应试教育办学理念和只教书不育人教育思想的必然结果吗？”

学校是教书育人的场所，“传道、授业、解惑”是老师的天职，培养学生德智体美劳全面发展应该是我们应有的办学思想。但是在商品经济条件下，有的地方、有的学校为了经济利益把教育产业化，把学校办成了考生加工厂，把有思想、有追求、有个性的学生压抑成了没有主观能动性的机加工产品。可即便这样，老师也不能这么不负责任呀！因为企业生产空调、电视什么的，厂家售卖后还有个售后服务呢！怎么在这所学校上学的学生一毕业，老师就像万事大吉、关门歇业了，连“售后”服务都没有了！这还有没有一点师生之间的亲情呢？

这样的学校也许能培养出一批高分考生和几个学霸，但学生更多的可能是高分低能，因为学校把学生的思想品德、综合素质和身心健康放在了脑后，以致学生升入大学和步入社会后适应能力较差。

当学校办成了考生加工厂，培养学生做成了零部件加工，那学校必然失去了德性、丢掉了爱心、没有了责任。这是应试教育的悲哀，是对“教书育人”崇高职业的亵渎。

师生关系不应沦落到如此地步。我希望教育能回归本真，让学校树立正确的办学理念，对学生终身负责；老师要有宽广博大的教育情怀，对学生严中有爱，使老师成为学生成长的引路人，让学校成为学生成才的摇篮！

6. 又到上（升）学季，家长好纠结

尽管还不到5月份，但各中小学校的招生大幕就已经拉开。民办学校大张旗鼓、明目张胆地提前录取，公办学校暗中较劲，想尽办法加大宣传攻势；有的小学开始面试新生，一些中学开始剪头掐尖儿，高校的自主招生初审结果也陆续公布。总之，各类学校都在想尽一切办法招揽生源，特别是某知名学校因跨地区办学且提前招生录取被媒体曝光，一时间，社会各界议论纷纷，省内有关部门赶紧开会指责声讨，国家有关部门发文定调，闹得沸沸扬扬。在鱼目混珠的招生大战面前，更着急的是孩子家长，到底什么样的学校才是真正的优质学校呢？什么样的学校才是孩子应该去的学校呢？

下面我提几点如何选择学校（中小学）的建议，供家长参考。

一、听听学校的办学理念

学校的办学理念也是一所学校的办学宗旨，它规定了学校的办学方向，提出了对老师的根本要求，明确了学生的能力要求和发展目标。

凡历史积淀深厚的优质学校，无不有着先进的办学理念。一所好学校要对学生负责、对家长负责、对国家负责，努力培养全面发展的高素质人才，让学生终身受益。比如天津的南开中学，从办学之初就把培养人才，为社会谋进步、为公众谋福利作为办学宗旨，明确提出“允公允能，日新月异”的校训。北京市第二实验小学从管理、教育、教学和家校协同配合等各个方面展开工作，提出了“双主体育人”理念，以“让每个学生都成为最好的自我”为目标，通过“以爱育爱”“以学论教”全方位对学生实施素质教育。其他诸如“构建学生健全人格，奠定学生发展基础”“学会做人，学会做学问”“让孩子享受学习的快乐”等均是知名中小学的办学理念。正是在先进的办学理念指引下，它们才持续不断地为国家培养出了优秀的建设者和接班人，才成就了它们名副其实的名校声誉。

但是，在不良的教育竞争环境中，近几年也诞生了个别应试教育的所谓名校，它们以诸如“两眼一睁，开始竞争”“提高一分，干掉千人”“只要学不死，就往死里学”“只有经历地狱般的磨炼，才能炼出创造天堂的力量”“只有流过血的手指，才能弹出世间的绝唱”“生前何必久睡，死后自会长眠”等充满戾气、暴力甚至恐怖色彩的词语作为教育理念，不仅给学生带来莫大的精神压力，更暗含着扭曲的人生价值取向，使应试教育走向极端。在这样的办学目标诱导下，文明、和谐、自由、平等、爱国、友善的社会主义核心价值观如何培育？又红又专的接班人怎么培养？倒是必然教育出一个个充满敌视眼光和极端个人主义的高分低能学生，这样的毕业生不会得到社会的青睐和重用，最终也将被社会所抛弃。

请各位家长注意，在给孩子选择学校之前，要全面了解一所学校，不被浮云遮望眼，要拨开迷雾，擦亮眼睛，为孩子选择一所真正让家长能够满意，对学生负责，有利于孩子全面发展、长远发展的优质学校。

二、了解学校的师资队伍

学生是教育的主体，教师是办学的根本。没有教不好的学生，只有不会教的老师，传道、授业、解惑都要依靠教师。正因为这样，一所学校有没有一支德才兼备、高素质的教师团队，就成为一所学校能否持久发展的重要前提。

当家长把孩子送到学校的时候，很大程度上是把孩子交给了老师。小学生一天在校的时间一般不少于七八个小时，初高中一般在 10 个小时以上，至于全寄宿管理学校的学生，可以说是学习、生活都在学校，如果教师没有强烈的事业心、责任感，缺乏应有的师德，是不可能让家长放心的。

一般地，家长希望孩子的老师在搞好教学工作的同时，还能做到：①平等对待每一个学生，不厚此薄彼，不偏爱“好生”、厌恶“差生”；②专心投入教育教学工作，不要兼职，不搞第二职业；③把课堂作为教育教学的阵地，不要“留一手”，把学生推荐到课外辅导班加餐。

家长在给孩子选择学校时，要了解学校的师资力量，了解学校的教师构成，更要了解学校对老师的管理，这是一所学校规范办学的基本要求。

三、查看学校的办学设施

学校不同于学科辅导班，有几间教室，聘几名教师就可以开张营业。一所正规的学校，不仅是学生学习深造的场所，也是学生生活的场所，学校要为学生德智体美劳全面发展提供设施，创造条件。因此，学校除办学理念、管理制度等软件因素外，基本的硬件设施必不可少。科学规范的学校布局、宽敞明亮的教室、安全方便的体育活动设备、必备的学科实验室、一定规模的图书阅览条件、积极向上的校园文化布置等，都是家长应该考虑的。当然，如果是寄宿式学校，能否安全卫生地就餐、安静舒心地休息又是家长非常关心的问题了。因此，若一所学校设施不完整、不规范、不科学，家长一定要慎重考虑。

四、打探学校真实的办学水平

学校的办学成绩是家长给孩子选择学校的重要依据。我们该怎么评价一所学校的办学水平呢？我认为办学水平不仅看升学人数，更要看升学比例；不仅看目前的升学状况，更要看这所学校毕业生的综合素质和发展潜质。在教育圈里，无论小学、初中、高中，还是大学招生人员和老师，都爱说某某学校的学生我们喜欢招，老师喜欢教，而某某学校的学生老师不愿意要。之所以这样，是因为一所学校毕业生的综合素质和发展潜质不一样，进而影响到后期的培养深造。某大学招生组长就曾经说：如果国家允许我们封杀学校，我们会首先封杀某某学校的毕业生。

那些高分低能、考试机器、以自我为中心的学生，无论是学校、老师，还是社会用人单位都不愿意接受。而那些知识面宽、综合素质强、身心健康的优秀学生，最终会在激烈的社会竞争中脱颖而出，成为受到社会普遍欢迎的真正的栋梁之材。

家长在给孩子选择学校时务必谨慎理性，不仅要“听其言”，更要实地“观其行”，并通过其毕业生的综合素质和发展潜力，了解其真实的办学水平，给孩子选一所让家长真正满意、对孩子真正负责的学校。

五、结合孩子的个人特点

“龙生九子，各有不同”“学校是家长选的，但别忘记是给孩子上的”。家长在选择学校时务必结合孩子的实际，适合的才是最好的。

选择有助于发挥孩子学科特长和潜质的学校。我这里说的特长和潜质不是针对将来准备走音体美等专业之路的学生，而是指普通学生。我们知道，有的学生兴趣爱好广泛，有的学生组织能力强，有的学生喜欢钻研探究，当然还有学生喜欢演讲、辩论、手工、绘画，等等。家长在选择学校时，不要忽视对孩子特长发挥和发展潜质的挖掘。现在不少小学、中学都有各自的办学特色，如学科竞赛辅导、社团活动、艺术特色、体育特色、传统文化特色等，甚至具体到机器人、戏剧、篮球、舞蹈、书法、剪纸特色等，如果孩子有某方面爱好，则家长应尽量让孩子在文化课学习之余发展特长，使孩子能够多才多艺，为孩子幸福成长、长远发展、提高生活品质打下基础。

考虑孩子的性格特点和生活习惯。不少家长认为，孩子上学，尤其是让孩子到外地上学是家长的解脱。这是错误的观念。无论孩子上小学还是读中学，家长永远是孩子的第一监护人，孩子也永远摆脱不了对家长的依赖。我认为，孩子上学不是家长的解脱，反而是家长的牵挂。尤其是对那些从小在家长百般呵护下长大的孩子，他处事能力较差，对家人依赖性较强，如果突然离开父母时间较长或远赴他乡就读，可能产生心理问题，对孩子的学习和性格培养是很不利的。

如果孩子即将上小学，则最好选择一所离家较近、家长接送方便的学校。如果孩子即将升入初高中，家长尤其要慎重考虑，因为这个年龄段的孩子正处于青春期，特点是想独立又不具备独立能力；身体成人，但心理上还对大人依赖。家长最好选择能和孩子定期联系、便于家校沟通的学校，使家校形成教育的合力。毕竟家长需要学校对孩子的管理，学校更需要家长的配合。我们每个人都是从孩子的阶段过来的，应该知道，当孩子正处在叛逆期，对他过分约束强压或是放任不管都可能适得其反，造成难以挽回的影响。

在孩子做人、学习和性格培养上，家长不能错过中小学阶段的最佳教育时期，在关键的时间给予孩子生活、学习、心理等方面及时的关怀是十分必要的。对未成年的孩子来说，也许有家人的陪伴才是最好的教育。

小学阶段是孩子习惯养成、兴趣培养、全面发展的关键期，而中学阶段是学生丰富知识、学科特长培养、自理自立能力锻炼的重要阶段，孩子在中小学阶段需要家长密切关注，及时提醒指导，因此，选择一所放心的学校不仅关系到家长放心不放心，更重要的是关乎孩子的发展和幸福成长。

7. 开学季——不能错过的教育机会

我们都知道说话要分场合，对孩子教育也一样，要看准时机，及时引导，而新学期开学阶段就是绝对不能错过的好时机。工作到位了，成效明显，事半功倍；错过了机会再去说教，事倍功半，效果甚微。

一、新学期开学，是调整孩子心态的好机会

对一个成长中的孩子来说，过去的一个学期难免在学习和生活上有过顺利和挫折，也有过得意和失落，无论如何，这都已成为过去，家长要在开学季和孩子有个耐心沟通，细心交谈，提醒说服孩子不管上学期成绩是否理想，表现是否正常，从现在开始要放下包袱，轻装上阵，一切过去成功时的褒奖都应是今后取得更大成绩的动力，而不应成为继续前进的负担；所有曾经失败时的沮丧都应该是重新奋斗要吸取的教训，而不应成为前进路上的阴影。这才是一个追求进步、勇于挑战的学生应有的良好心态。

二、新学期开学，是强化孩子规矩意识的好机会

对一个思想活跃、善于创新、敢于挑战的青少年来说，追求自由、张扬个性理所应当，甚至逆反地顶撞家长、违反学校纪律也都在所难免。我想不管是自觉自律、遵规懂事的好孩子，还是曾经受到批评甚至警告处分的问题生；也不管是学生违反了班规班约、还是校规校纪，家长都要在开学时和孩子共同梳理一下学校的规章制度和班主任的要求，从课上到课下、从校内到校外、从听课到作业、从言谈到举止、从服装到发型、从课外书籍到手机携带等，给孩子提出具体要求。班集体是每个学生生活的空间，更是成长的摇篮，家长要告诉孩子正确对待在学习、生活上遇到的困难，自觉遵守学校规定，用正确方式和程序处理和同学交往中发生的问题，做有纪律、守规矩的好学生。

三、新学期开学，是给孩子明确学习目标的好机会

每个学生基础不同，喜好有别，但潜力都是无限的。只要孩子知道学习、喜欢学习，那么家长就不要简单地给孩子定分数、下目标。当孩子背起书包离开家长走进学校时，家长最大的期望应该是孩子懂事、刻苦，学会学习；勤学、善问，不断进步。对一个懂得感恩、知道学习的孩子来说，扎扎实实抓住了过程，最后的考试结果就是水到渠成。相反，如果家长一味地盯着孩子考试的名次和结果，也许带给孩子的是失败的打击，而留给家长的只有遗憾和失望。

良好的开端是成功的一半，春天孕育着新的希望。新学期，对成功者来说是再接再厉、再创辉煌，对失意者来说也是从头再来、奋起直追。让我们和孩子一道为了心中的理想目标，扬帆起航，在前进的道路上和孩子共担失败后的忧伤，共享成功后的喜悦！

8. 课余时间大有可为

学校是学生学习的主阵地，家庭和社会是必要的补充。

我这里所说的课余时间是指学生离开学校后的时间。无论小学生还是中学生，不管孩子是走读还是寄宿，他的课余时间不是有没有的问题，而是长短的问题，如果我们家长能让孩子利用好课余时间，则可以促进孩子文化成绩的提高和综合素质的发展，进而起到很好的育人效果，否则就可能使学校的教育效果大打折扣，甚至出现“5＋2＜5”的现象。那么家长该如何帮助孩子把课余时间利用好呢？

一、督促孩子利用课余时间认真完成作业

以练促学是重要的教学手段，因此在放学后和节假日老师一定会布置适量作业来督促学生预习新知识、巩固已学内容，以温故而知新。

大家都知道，文化课学习是脑力劳动，主要靠大脑思维，是一件苦差事。如果孩子仅靠所谓的聪明而不去克服困难、抵制诱惑，从小养成自觉写作业的好习惯，必然会随着年龄的增长而成绩下降，甚至产生厌学情绪。因此，家长必须从孩子入学开始即教育他养成放学后自觉学习的好习惯。第一，明确要求，把写作业作为课余时间的首要任务，绝不允许孩子无节制地玩耍游戏，消磨时间。第二，合理引导，培养孩子的自觉性和主动性。如果学校留的作业太多、太少或留有弹性作业，家长要结合孩子的文化课基础和时间宽裕度合理引导、适当增减，让孩子能渐渐清楚课余时间学习内容和作业量的基本要求，养成自觉学习、自我调节的好习惯。

二、合理利用课余时间，培养孩子的学科特长和兴趣

综合素质全面、学科特长突出，才是用人单位对人才的要求，同时，幸福的人生不仅是有一个稳定的、喜欢的工作，还要在工作之余学会自我调节，享受生活，有所爱好。而在实际生活中我们发现，确实不少成就卓著的大家、学者不仅有个人的专业特长，还有自己的业余爱好。著名科学家钱学森爱好文学，学过绘画，在交通大学深造时还是学校管乐队成员，他说“正是音乐艺术里包含的诗情画意和对人生的深刻理解，丰富了我们对世界的认识”。杂交水稻之父袁隆平的英语演讲语惊四座，一把小提琴还可消除他一天的奔波劳累。诺贝尔奖获得者屠呦呦家里也摆着一架钢琴……因此，无论从工作还是从生活角度来看，综合能力、学科特长、业余爱好完全可以做到有机统一，每个人都应该有一定的特长和兴趣追求。

我在长期的教学实践中发现，孩子的学科特长和兴趣多半是在课余时间培养和激发出来的，其内容可以是文化课学习上的学科竞赛、阅读写作，可以是体艺专业特长或其他追求，家长一定要注意观察、培养孩子的特长，并不断鼓励、点拨和激发。

在孩子的特长和兴趣培养上，一些家长走极端，要么任其随便、不加引导、爱学不学，要么是把自己的主观愿望强加给孩子，让孩子课余时间学两三个学科培优竞赛班，或让孩子在周末学书法、练钢琴、学画画，结果事与愿违、半途而废、一事无成。正确的做法应该是根据孩子的个人情况进行积极引导，有所侧重，顺其自然，这样既能促使孩子学业上不断进步，又能使孩子的心情及时调节、阳光自信。

三、善于利用课余时间提高实践能力，增长见识

在科技飞速发展、社会日新月异的今天，一个人要想有所成就不仅要有一定的学历，更要见识广、能力强，富有创新精神。因此，孩子是否有一定的社会知识和较强的适应能力非常重要。而这些能力难以在那些推崇应试教育的校园里得到培养和锻炼。

教育家陶行知说，社会即教育。学生要想理解书本知识，丰富人生经历，把在学校学到的书本知识掌握并转化为能力，必须接触社会，加以实践。而对学生来说，唯有课余时间才有接触社会的最好机会。我的建议是：家长可在课余时间有意识地带领孩子了解社区工作，参加必要的社会实践活动，在活动中引导孩子正确看待社会现象，弘扬社会正能量。如果条件允许可带领孩子深入企业和田间地头，走向生产一线，感受生产的发展和科技的进步；在寒暑假或节假日带领孩子游览祖国大好河山，了解中华传统文化，亲身体验大自然的美，感受时代的变迁。当然，孩子参加这些课余活动家长要有计划进行，不能漫无目的，任其随便，如尽量选择和所学课本知识有联系的内容和景点外出，尽量参加学校倡导的社会实践活动等，而且所有的课余活动都要端正态度、目标明确，不能以游山玩水为目的，而是以理解书本知识、丰富社会知识、培养家国情怀、磨炼意志品质为出发点。

此外，家长还要在课余时间多和孩子交流沟通，以及时了解孩子的学习和思想心理变化，给孩子科学指导，保持孩子有一个乐观自信、健康向上的良好心态。

课余学习是学校学习的必要补充，家长一定要引导孩子充分合理利用课余时间。

9. 孩子进步要有“力”

人的潜力是巨大的，尤其是孩子，关键是你会不会激发。

有人说激发孩子的潜力要多鼓励肯定，少批评指责；也有的说激发孩子潜力要善用激将法，“置之死地而后生”。这都有一定道理。实际上，当我们知道促进孩子进步的作用力时，就可以有针对性地做好工作，进而激发孩子不断进步，抵达成功彼岸。我认为这些作用力来自三个方面：理想的牵引力、他人的推动力和自身的内驱力。

一、合理确定目标，发挥理想对孩子进步成长的牵引力

在我们和小朋友、学生谈话交流时，往往自觉不自觉地问：“你长大了要做什么？”

“当科学家。”

“当将军。”

“当医生。”

……

不管孩子怎么回答，这些想法毫无疑问会影响到他的努力方向，甚至成为他一生的执着追求。

“理想是歌，奏响生命的乐章！理想是船，带你驶向彼岸！”因此，家长和老师要善于帮助孩子进行合理的人生规划，让他时时处处都有努力的方向，发挥理想对孩子的牵引作用。那么怎样确定理想才能发挥对孩子成长的牵引作用呢？第一，知己知彼，目标合理。正确的理想是来自现实又高于现实。如果理想低于孩子的能力，则不利于挖掘孩子的学习潜力，容易使孩子形成骄傲自满、不思进取的不良习惯。相反，如果期望值过高，把空想当作理想，又往往会挫伤孩子的积极性，不利于孩子进步，严重者会使孩子失去自信心。孩子成长犹如放风筝，如果没有牵引力，则风筝飞不高，但牵引力太大，风筝又容易折断。因此，让孩子“蹦一蹦能摘到桃子”才是正确的理想定位。第二，践行目标，不懈努力。无论理想多么美好，不付诸实践永远是水中月、镜中花。在孩子的理想确定后，父母和老师一定要关注孩子的表现，关心孩子的学习，在关键节点上提醒孩子“不忘初心”。让理想时刻照亮孩子前行之路，用实际行动将孩子今天的理想变成明天的现实。

二、实时提醒干预，家长和老师要给孩子进步以推动力

懒惰是人性的一大弱点，更何况一个孩子。在手机、互联网、娱乐享受等的诱惑下，在学习任务日渐加重、升学压力不断增加的现实条件下，学生在苦难面前有侥幸心理、产生畏难情绪就在所难免。

所谓推动力就是他人要督促、鞭策、辅助孩子为自己的理想而战，尤其是在关键时刻能帮他一把。为什么学生课堂上聚精会神、全神贯注，课下认真完成作业，原因是老师密切关注每个学生，不时督促学生学习；而有的学生上课无精打采，回家不写作业，很大原因是课堂上老师只管讲课，回到家父母又不闻不问。当学生听不听课无所谓、写不写作业都可以的时候，孩子就未必能自觉主动地学习了。所以孩子进步不能没有老师的批评和鞭策，更不能缺少家长的督导和敲打，当然也包括同学间彼此的提醒和鼓励。

对一个积极要求进步又自制力差的孩子来说，外在的推动力是其进步不可或缺的力量。当孩子在前行的路上产生懈怠情绪或面临困难和挫折时，也许我们的一臂之力就可以让他穿过风雨、跨过坎坷，进而重见彩虹，重新走在通向未来的大路上。

三、内化于心，不断激发孩子学习进步的内驱力

哲学上说，外因是事物变化的条件，内因是事物变化的根据，外因通过内因而起作用。因此，无论是理想的牵引力还是他人的推动力，都是孩子进步的外在力量，都是被动地在起作用，要想激发起孩子的斗志，关键还得靠内心的压力和动力。爱学的孩子“入班即静”，想学的孩子“入座即学”，懂事的孩子不用家长督促，回到家的首要任务是写家庭作业。相反，不思进取的孩子时时处处都是悠闲自得，没有学习动力和更高追求。

“管人不如管心”“让我学不如我要学”。要激发孩子学习进步的内驱力，应该做好以下工作：一是让孩子体会到学习、生活和工作的竞争力。在当今这个知识经济的时代，竞争日趋激烈，要想保持自己的优势，不在优胜劣汰的社会竞争中被淘汰，我们必须居安思危，树立危机意识，不断学习，增长才干，这样才能使自己拼在当今，赢在未来。现在不少家长对孩子是越俎代庖，包办一切，孩子一天到晚无忧无虑，危机感就别提了，当然也就没有了上进的动力。二是让孩子增强对家庭、社会的责任感。当一个人只顾自己、心无他人时，就会只满足于自己的得过且过，没有了更多的担当和使命，这时他怎能给自己更高的要求，又何来学习的动力？三是家长和老师要善于培养孩子学习的兴趣。兴趣是最好的老师，“做他想做的事”是最好的内驱力，如果我们能让孩子发现文学的美、数学的美、科学的美、人类进化的美和生活的美，我想孩子一定会自觉地畅游在知识的海洋里汲取营养，主动地在科学的天空里展翅翱翔。

理想的牵引力、外在的推动力、自身的内驱力是孩子进步的力量源泉，其中孩子自身的觉醒是根本，没有内驱力，理想的牵引力和推动力都难以奏效，干任何事情都难以持久。只有孩子保持“不用扬鞭自奋蹄”的学习状态，成功才能近在咫尺。

10. 谈读书

读书是一个老生常谈的话题，世世代代有太多的人给出建议，北宋文学大家欧阳修说：“立身以立学为先，立学以读书为本。”我之所以重提读书，是因为今天下午和一个学生的谈话。

小陈是一名初中学生，家长通过朋友过来找我，说孩子现在不想上学了，也不跟我们家长说什么，就“想过一个属于自己的生活”。我一听觉得很纳闷：一个初二小孩儿怎么能说出听起来这么深奥、富含哲理的话？出于职业习惯，征得家长同意，我决定约孩子见面聊聊。第二天家长打电话说孩子很不情愿，但还是做通了孩子的工作，同意过来见见。

不见还真有点儿不信。刚开始孩子是满不在乎，扭着头隔着窗户朝外看，让坐下也不坐，很有抵触情绪，和我的对话就是“嗯”或摇摇头。我问他为啥不愿意和我说话，他有点儿反感地说：“你们大人和领导不了解我，没有共同语言。”

十几分钟过后，应该是感觉我没有那种训话说教式的、高高在上的架势，便扭身看着我，开始和我聊到了人的“本性”“自我”“本我”“超我”问题，还谈到了弗洛伊德和叔本华等。我有点儿意外，幸好我还有哲学学士学位，对西方哲学还有所了解，要不还真是应付不了。

我估计这也正是孩子不愿意和他人沟通的原因，因为他觉得自己有了一种超脱和后知后觉的感觉，一般的人和他已没有什么共同语言。

在和小陈的交流中我了解到，家长对他的学习一直抓得很紧，小陈身上几乎是寄托了全家的期望，当然孩子的成绩很优秀，也是老师的骄傲，但他内心一直有很大的压力，总觉得如果考不好就无颜面对父母，对不住老师。

小陈真正的变化是从去年暑假开始的。家长说，孩子初中被某重点校提前录取后，就如释重负，开始放松上网、看书，不知怎么就对西方哲学感上了兴趣。

试想，一个十二三岁的孩子怎么能懂得那么深奥的哲理，怎么能理解得了“自我”“本我”“超我”的人生境界，结果等秋季开学时，小陈同学早已“顿悟”：原来还有属于自己的生活和天地。渐渐地不再听从家长要求，后来干脆有了不上学的念头。

读书人都知道一句话：“少不看水浒，老不看三国。”是说年轻人血气方刚，爱打抱不平，不能效仿水浒人物那样“该出手时就出手”，动不动就造反报复；老年人涉世已深，不要学三国主人公的阴谋算计，而要修身养性、安度晚年。这很有道理。

从一个人的成长过程来看，每个年龄段都有其特点，当然也该有自己应读的书，如果内容合适则得到正确引导和正向的人生感悟，否则难免事与愿违，让人迷茫无助，甚至误入歧途、难以自拔。以我个人看法，对涉世未深的中小学生来说，读书不能漫无边际，一定要有所选择。我的建议是：

一、读励志方面的书

“腹有诗书气自华”，读书既可以获取文化知识和生活实践经验，又是塑造人格、陶冶情操、丰富精神生活的重要途径。

我们说“奋斗的青春才是精彩的”“不经历风雨，怎么见彩虹”。中小学阶段正是人的价值观形成的关键期，家长一定要帮助孩子规划人生、订立目标。同时在一个人成长的路上，困难、挫折甚至苦难是不可避免的，这就需要孩子有坚强的意志品质。这些素质的培养需要从多方面做工作，而读书就是孩子加强自我修养很好的途径。读书可以获取间接经验，找到学习的榜样，反思自己的表现。可以说，有时读一本好书胜过家长和老师的百次说教，书本里面的一句话就有可能影响人的一生。

我上学的时候，由于条件所限，可看的书很少，但一本《地道战》这样的小人书就可以让我知道什么是抗敌爱国；马克思的一句名言“在科学上没有平坦的大道，只有不畏劳苦沿着陡峭山路攀登的人，才有希望达到光辉的顶点”，直到现在依然激励我自强不息和顽强拼搏；上大学后的《人到中年》《沉重的翅膀》等优秀作品让我对社会和人生有了正确的认识。因此，在孩子看什么书的问题上家长一定要监督选择。试想，如果孩子从小接触到的是诸如《青春之歌》《红岩》《钢铁是怎样炼成的》《平凡的世界》《爱的教育》等正能量的书籍，那么他学到的一定是坚强的意志、不屈不挠的精神和爱国的情怀。相反，如果孩子接触的是那些内容消极的、不健康的书籍，我想他一定是不思进取、无所事事甚至价值扭曲。

二、读适合孩子年龄段的书

真正的“阅历”不是简单地从书本里提前对间接经验的“阅”，而应该是亲身感受的直接经验的“阅”。

青少年正处于生理发育期，好奇心强，心理也不成熟，情绪不稳定，容易受外界影响。他们还难以理解“理想很丰满，现实很骨感”的真正含义。正因为如此，在读什么书上就要有所选择。对低年级孩子来说，那些图文并茂、通俗易懂的书籍或篇幅简短的美文汇编比较适合，而到了初高中年级后可以看一些大部头的经典名著。一个还没有什么人生阅历的孩子看一些成人的书籍，尤其是看武侠、言情方面的小说，他有可能会沉浸在虚构的故事情节中，被完美的情节所吸引，为人物悲惨的命运而叹息，对所谓自由不羁的生活产生向往，于是难以面对现实单调的学习生活，进而产生厌学情绪。因此，对中小学生来说，可先推荐他看一些浅显的知识型作品和短小易懂的寓言故事和科幻小说，哲学最好先看一些入门性的书籍，如《中国哲学简史》《通俗哲学》《苏菲的故事》等，尽量不要看那些关于人性、灵魂的研究著作，否则孩子很容易片面理解，陷入迷茫，严重时走向极端。

三、读一些人文历史和科技方面的书

有句话说得好，“换一下脑子就是最好的休息”。在紧张的文化课学习后，孩子需要换换脑子，放松一下。想当年《十万个为什么》让我爱不释手，邻居的一本《歇后语大全》让我了解了不少背后的百姓故事和社会知识。这些都是学习科普知识和了解百姓生活的难得机会，因此我也建议孩子用看一些人文历史和科技普及方面书籍的方式来放松心情。一是可以对课本知识适当补充和拓展；二是培养孩子的科技素养，有助于孩子学科选择、人生规划。

“书是人类进步的阶梯”，一本情节感人、故事生动、思想进步的好书可以陶冶人的情操，启迪人的心灵，鼓舞人的斗志，丰富人的文化生活；可以让人懂得真善美，知道假丑恶。

学会读书，请先选好书目，让书籍成为促使孩子健康成长、成才的助推器，而不要成为孩子进步发展的绊脚石。

11. 春天到了，带孩子走出家门去

“春雨惊春清谷天”，惊蛰已过，春分已至，大地复苏，万象更新。

我生长在农村，对大自然有天然的亲近感，只要能抽出时间，我就愿意到田间地头转转，感受一下大自然的气息。昨天是周末，我来到南湖公园，有放风筝的、钓鱼的、挖野菜的，还有农民在田间劳作计划耕种的，可以说到处是欣欣向荣、生机盎然的景象。那么，作为家长的你，带孩子走出家门了吗？

教育家陶行知倡导生活即教育、社会即学校。现在的孩子，哪怕是农村的孩子，也很少走到田间地头，他们逐步脱离了自然界，体会

不到劳动的艰辛，感受不到大自然的美妙，过着饭来张口、衣来伸手的生活。都市的孩子更是过着“家庭—学校”两点一线的生活方式，走进大自然的机会更少，更有家长理所当然地解释为“这样才能给孩子更多的学习时间”，其实，抽出一定时间走出家门也是学习，而且是更好的学习。只有走进大自然，才能让孩子逐步感受到大自然的魅力，在和大自然亲近中丰富知识，陶冶情操。

一、走进大自然，可以增强孩子的体质

俗话说，一年之计在于春，一日之计在于晨。春季，天气转暖，人体内的阳气经过一冬的储藏，会随着春天的到来而动，这时人们应该多参加一些户外活动，尤其是青少年。科学研究表明，青少年的生长速度在一年四季中并不相同，春季长得最快，这是因为人的机体在春季新陈代谢旺盛，血液循环加快，呼吸消化功能加强，内分泌激素分泌增多（尤其是生长激素）。当孩子走出钢筋水泥构筑的楼房和小区，无论是漫步、爬山，还是深入田间地头挖挖野菜、追逐打闹一下，都能令孩子心旷神怡，身体各方面也都能得到锻炼，特别是孩子回家后欣赏着自己的劳动果实——野菜、柳芽、枝条、捡来的一块不知名的石头，然后美美地睡上一觉，对孩子来说是一生难忘的记忆。

二、走进大自然，可以磨炼意志，陶冶情操

现在不少父母给孩子提供了尽可能好的物质条件，而忽视了对孩子意志品质和情感的培养。当孩子走在松软的田野间，他切身感受到了大地的深厚和宽广的胸怀；当孩子弯腰挖菜，哪怕是拔一颗野草，也许他就会体会到了农民的辛苦；当孩子看见刚刚露头的嫩嫩的小草，也许他知道了生命的珍贵，理解了“我也有生命，请脚下留情”的内涵；当孩子深感筋骨疲惫时，也许会被前方的美景打动，进而为了远方的目标努力前行。

三、让孩子增长见识，加深对课本知识的理解

爱因斯坦说过，兴趣是最好的老师。孩子对周围事物充满好奇时，他才会全神贯注。生活中并非缺少美，而是缺少发现。生活是创作的源泉，孩子看到的东西越多，他的创作素材就越丰富。如果孩子没有生活体验，作文可能只是照猫画虎，干巴巴的没有了真情实感。

在走出家门来到大自然的过程中，家长不要随性而为、不着边际地和孩子玩闹，而是要有目的、有计划地引导孩子去感知、去观察、去探索、去发现。

接触一下大自然，也是教育很重要的一环。很多感性知识是课堂所给不了的，需要学生到实践中去感知、体验，如春暖花开、春意盎然、春风化雨、春色撩人、春晖寸草、春华秋实、春暖花开、绿草如茵、春风和煦等优美的词句，也许只有当孩子走进春天时，才能深深体会到其准确内涵。

培养孩子，就要付出，不要抱怨没有时间。少睡会儿觉，少上会儿网，少看会儿手机，少玩会儿游戏，也许时间就挤出来了。倘若有三两天的假期，可以游览周边大好河山；即便仅是一半天的空闲，那丛台、赵苑、南湖、北湖等市内公园总还可以去吧！

不要犹豫，和孩子一起，拿起相机，带上笔和本，马上出发……

附：一位小学生写的一篇文章

春姑娘的脚步

刘梦洁

大地复苏，万象更新，一个寒风刺骨的冬天已经渐渐离去，我们又迎来了一个阳光明媚的春天。既然春姑娘的脚步已经踏入我们的世界，那我们何不去观察一下春天的变化呢？好！今天我就给大家介绍一下我看到的新春吧！

走出家门来到郊外，首先让我们俯下身子看看最常见的植物——小草，这时你会惊奇地发现小草已经伸出了绿油油的小脑袋，扭着头看看自己的同伴是不是也像自己一样伸出了头来呼吸一下新鲜的空气——“啊，真舒服!”是啊，小草绿了，他们在一起嬉笑、打闹，玩得不亦乐乎!

再看看柳树，原来在冬天枯黄脆弱的柳枝也已经变为柔软的绿色的柳条，在春风中轻轻摇摆，嫩绿色的柳芽也冒了出来。这时，我不由得想起了谚语：“五九六九，沿河看柳。七九河开，八九雁来，九九加一九，耕牛遍地走。”妈妈说柳芽是一种很美味的菜品，凉拌吃，味道很好，于是我便和妈妈一起捋了一些柳芽，准备回家做个凉菜，品尝一下春天的味道。

邯郸的玉兰树也随处可见，玉兰先含苞待放，那花骨朵儿有白的、黄的、淡粉色的、紫色的，他们都在争先恐后地享受春天的温暖。

天气渐凉，夜幕降临，我也该回家了，正走着却在湖边又有了新的发现——迎春花开了，茂密的枝条上露着无数金黄色的小脸蛋向路人招手，好像在向人们说：“谢谢你走出家门欣赏春姑娘的美丽。”

我们已经听见了春姑娘的脚步，我相信，只要你用心观察，春天还有许多奥秘等待我们去发现!

12. 小品《占位子》给谁提个醒

可能因为我是老师的缘故，尽管 2019 年春晚已结束两三天了，但晚会上开心麻花团队的小品《占位子》的情景一直在眼前浮现。为了孩子在教室有一个好的座位，各路家长面红耳赤、争破头皮，以各种理由想拥有C位。这个小品表面上看是让家长思考和反省对孩子的教育问题，其实应该警醒的不仅是家长，还有老师和学生。

一、给老师提个醒

小品中家长把教室里的位置划分成了“学霸区”“休闲区”“养老区”“隔离区”等。说实话，也许是小品的创意调侃，也许是我孤陋寡闻，反正这是我第一次听说，但我并不觉得这种划分是空穴来风。据我所知，在中小学校绝大多数班级的学生座位是定期前后左右有序调整，使每个学生公平地在每个位置都有机会就座，但也确实有个别学校的个别班在学生座位安排上是参考学生的考试成绩，让成绩好的和差的大致分开区域，然后定期进行微调，也就是根据成绩给不同的学生贴上标签，以便在教育管理上不同要求、区别对待。

不可否认，尽管学生分到了一个班里学习，但学生的文化基础和纪律表现还是参差不齐。有的好学，严格自律；有的不思进取或厌学，自觉性较差。有的外向，回答问题积极主动；有的内向，不善于言辞表达。但作为既教书又育人的老师不能仅以文化成绩好坏来区别对待学生。对学生一视同仁、不厚此薄彼是老师的基本职业道德，教育学生正确看待自己和同学的优点和不足，引导学生互帮互助、取长补短、共同进步成长是老师的基本工作内容。

教师是人类灵魂的工程师，从事的是太阳底下最光辉的职业。因此教师必须有大爱精神，这种爱是无私的，他应关注到每一名学生，不管一个学生的成绩怎样，家庭背景如何，抑或学生的兴趣有何不同、心理素质有啥问题，无论课上提问还是课下作业，无论座位安排还是宿舍调整，无论表扬鼓励还是批评处理，都必须同等对待，一视同仁，只有这样才能把教育的爱洒向每一个学生，让“阳光”照亮教室的每一块“区间”，让所有学生在和谐的环境中发挥自己的潜力，实现自己的目标。这样家长来学校“占位子”也就失去了意义。

二、给家长提个醒

教育事业的发展是社会进步的标志，家长增加对孩子教育方面的投入是家庭生活水平提高的表现。小品中的家长为了孩子上学，有的变卖了别墅，有的辞掉了工作，有的不辞辛苦一天打三份工，真是可怜天下父母心啊！毫无疑问，孩子成长需要家长的付出，但要正确付出；孩子培养必须有家长爱的陪伴，但必须是正确的爱的陪伴。

第一，家长要眼盯学校的工作，更要反思自己的表现。

古人云："养不教，父之过。教不严，师之惰。"孩子的成长、学生的成才是学校教育和家庭教育相互配合的结果，学校教育使学生终身受益，但学校教育要想取得理想效果需要得到家长的支持和配合。学校教育方面的因素确实很多，比如老师的调配、教学设备的配置、学习氛围的营造、教学常规各环节的落实等，这些工作确实是影响学生进步发展的重要因素。但如果家长仅把眼睛盯着学校和老师的工作而忽视自身表现，则难以让孩子的发展如愿以偿。"家长是孩子的第一任老师"，身为家长要让孩子从小养成良好的学习和生活习惯，培养孩子良好的道德品质，要提醒孩子学会适应、学会相处、学会自觉，因此家长要经常反思一下在孩子的培养上自己该做什么？能做什么？做了什么？与其眼盯学校工作，不如先把自己的工作做好；与其给孩子提出要求，不如给孩子做出榜样。

家长是孩子的一面镜子，孩子是家长的影子，家庭教育对孩子的发展潜移默化、影响深远。家长给孩子抢了半天的位子，结果连孩子上几年级都不知道，这是何等的笑话，这样的家长怎么算得上是一个称职的家长？

第二，家长要给孩子物质投入，更要有精神上的陪伴。

正如小品所说："家长把什么都给孩子抢到最好的了，孩子就好了？""孩子的教育不能光指望学校和老师，家长的陪伴也很重要。"有统计说，一般的城市家庭家长培养孩子读完大学，少说也要投入近30

万元，更何况还有不少学生需要缴纳择校费等。

应该说只要条件允许，家长都会不惜一切代价为孩子在经济上投入，但孩子不仅需要家长的物质投入，还需要家长的精神投入，如果家长“买来学区房”“辞掉工作”“一天打三份工”的目的是对孩子提出不切实际的成绩要求，是要把自己的愿望强加在孩子身上，那只会加重孩子的心理负担，增加孩子的学习压力。也许孩子最需要的是陪伴、交流和鼓励，比如陪孩子一起看看有意义的电视和书籍，陪孩子在周末吃顿温馨的晚饭，陪孩子聊聊家世家常，给孩子疏导一下焦虑的心情等。家长在精神方面的投入应该持之以恒，它的作用也是润物无声、潜移默化。从这一角度看，家长卖掉别墅前来学区陪伴孩子未尝不可，但我要提醒的是陪伴不是包办，陪伴不是溺爱，正确的陪伴是家长和孩子一起进步，是为了让孩子懂得感恩，是让孩子在和谐的气氛中享受学习、不断进步。这里我想起了歌手蔡国庆和儿子一起参加的《经典咏流传》节目，可以说他的孩子非常优秀，后来我才知道蔡国庆每天早晨都很准时和孩子一块儿起床、洗漱、就餐，然后把孩子送到学校，绝对不会因为家庭原因让孩子迟到，以培养孩子的“时间意识”。由此可见，孩子的优秀不仅需要家长经济上的大量付出，更需要家长的身心付出。请问家长你做到了吗？

第三，家长不仅要盯着孩子眼前的文化成绩，还要关注孩子的个性特长和全面发展。

“人各有志”“适合自己的才是最好的”。老师要对学生因材施教，家长也应对孩子因势利导。现在的高考模式是把高考志愿分为大文和大理，而目前一些省份试行的新的高考模式是“3＋3”或“3＋1＋2”，分别有 12 种和 20 种学科组合，而且高考志愿填报时对所选科目还有要求。这样做的目的就是引导学生在具备高中基本文化素质的基础上，发挥学科特长和发展潜质。因此，如果我们家长简单地盯着孩子的文化成绩而不考虑孩子的兴趣爱好、身心健康和发展方向，则带给孩子的可能不是学习的进步和享受，而是成绩的下滑和对学习的厌烦。所以，不管孩子是文化成绩的优秀者，还是“美女”或“缺钙”者，只要有利于孩子成绩的提高和学科特长的发挥，有利于孩子理想目标的实现，那班里所有的区域都可以是孩子成长过程中的“学霸区”，每个区域都可以是孩子成才的风水宝地。

三、给孩子（学生）提个醒

不管家长多么辛苦，他永远代替不了孩子的努力；不管老师多有水平，他不可能取代学生学习的主体地位。如果学生想学，任何困难都可以克服；如果孩子不求上进，任何借口都可以找到。有道是“外因是变化的条件，内因是变化的根据，外因通过内因而起作用”。

对孩子来说，毫无疑问，学校的环境会影响到你的学习，同桌的表现会影响到你的进步，但无论怎样，你都不能把自己的进步寄托在父母的“占位子”上，不能把自己成绩的提高推卸到老师一边，更不能把自己成绩的下降怪罪到同学身上。快递小哥以执着的梦想、坚持不懈的努力登上了《中国诗词大会》的最高领奖台，而曾经的学霸也会因不思进取、虚度时光，结果无颜面对家乡父母。如果你在教室后面听不清老师讲课，完全可以搬着凳子到前面认真聆听。如果老师的视线顾及不到偏僻角落的你，你完全可以主动站起来积极应答。只要你有学习的主动性，你完全可以创造条件认真听讲、积极思考、主动发言、严格自律，你一定会把不利的影响降到最小，把积极的因素发挥到最大，完全可以通过和同学的交流、谅解、合作，进而做到相互激励，共同提高，实现心中的梦想。

春晚已拉下帷幕，演员已经退场，但留给我们的思考还在继续。

13. 校园欺凌之我见

近几年，“校园欺凌”成为社会敏感的字眼和热门话题，全国多起校园欺凌事件曝光，特别是2016年11月发生在北京中关村二小的校园施暴事件更是把校园欺凌问题推到风口浪尖，于是全国上下中小学老师们神经紧绷，学生安全成了头等大事，家长一再提醒，生怕孩子在外被人欺负，新闻媒体更是格外关注，力争捕捉到头条新闻，进而大力宣传，扩大影响。之所以校园欺凌现象由一个长久存在、老生常谈的话题上升为公众格外关注的现象，是因为欺凌行为日渐恶劣和频繁，当然更是社会文明的进步和人们权利意识增强的表现。

其实，当我们静下心来思考这一问题时，可以意识到校园欺凌现象并没有我们想象得那样令人意外，正视现实，正确认识这一现象的产生原因，才能找到切实可行的解决问题的办法。

一、校园欺凌现象难以避免

所谓校园欺凌现象就是指同学间倚强凌弱、以大欺小、以多欺少的言语羞辱、敲诈勒索和殴打等暴力行为。

自学校设立以来，小学生的追逐打闹、初中生的结伴出手、高中生的义气相助就一直存在，学生之间的冲突摩擦就从未间断，欺凌事件也难以避免。可以说凡是从校园走出来的人，对校园欺凌现象或多或少都听过和见过，也许还是事件的参与者和当事人。

那么，为什么中小学生中间的欺凌事件难以避免呢？

第一，这是人在成长过程中群体间难以避免的现象。

每一个人的成长，都要经历从对父母、师长的依附到独立面对世界、处理问题的过程，当孩子在刚刚步入复杂的社会时，都会存在不同程度的陌生感甚至恐惧感，于是便自觉不自觉地要寻找性格相投、爱好相近的伙伴。成年人也难以避免对群体的认同依赖和归属，更别说对一个涉世未深、活泼好动、兴趣广泛、个性绽放、血气方刚、激情四射的学生了。于是，他们通过寻找“志同道合”的伙伴以度过心灵的躁动期也就在所难免，当然由此而造成同学之间的亲疏远近也会出现。如果一个学生懂得与人正确相处的道理，则相对容易做出正确判断并选择合适的伙伴沟通，较好地处理好自己、他人和群体的关系，而自理能力较弱的孩子往往不知所措，容易受情绪左右和群体氛围的控制，这时那些缺乏良好行为习惯的孩子，则可能用错误的方式来表达自己的情绪和意向，极个别学生在交往中有意见不一、言语不和时，还会独自或拉帮结伙动手动脚来宣泄气愤、满足欲望，严重者走向违纪、违法甚至犯罪的邪路。

第二，家庭的教育不当和社会的不良影响促使欺凌事件的发生。

当今社会，由于计划生育政策的推行，家庭子女数量减少，独生子女比例较多，“4＋2＋1”的家庭结构形式使得一个孩子常常处于几个大人的过度关爱之中，人为地减少了孩子和同伴的交流活动，在这个狭小的家庭中，孩子成了左右家庭活动的最高权威，不少家庭对于孩子有求必应，以致孩子养成唯我独尊的性格。这样一来，有的孩子在和同学交往的过程中，总是希望能占上风，让大家都能听命于自己，稍有不顺就可能意气用事、恼羞成怒、愤然出击。

家庭的娇惯和宠爱，使孩子的个人利益至上，合作宽容意识淡薄，再加上一些大众媒体的不健康内容，一些电子游戏充斥暴力情节，这都给中小学生带来潜移默化的影响，当同学之间发生分歧时，自觉不自觉地将虚拟网络上霸道行事、大打出手、拔刀相助等处理方式移植到现实交往中，进而促使了校园欺凌事件的发生。

二、校园欺凌现象可以遏制

尽管校园欺凌事件难以避免，但只要作为孩子监护人的家长和负有教育责任的学校各负其责、加强沟通、密切配合，是完全可以遏制事态的扩大的。

第一，加强教育，防患于未然。

学校是人才的摇篮，家庭是孩子心灵的港湾。校园欺凌事件说到底是学生的行为习惯不好或道德品质不高所致。因此，学校不能为了培养“考生”和一味追求升学率而仅仅给学生灌输文化知识和技能，而应该首先“传道”，然后“授业”，进而解除学生在人生成长过程中的“疑惑”。要把立德树人放在首位，通过系统的入学教育、完善的校规校纪、丰富多彩的教育活动，教会学生做人的道理和正确的交往方式，让学生树立法治意识，强化道德观念，学会宽容，学会理解，学会负责，能够和同学友好相处，彼此尊重，

同时，当孩子走出家庭、远离父母时，家长务必要上好让孩子与同学友好相处的第一课，培养与人为善、以和为贵的传统美德。要在孩子成长的过程中给予孩子更多关注，注意孩子的一言一行，关注孩子的心灵变化，多和孩子沟通，避免孩子出现孤僻和偏激倾向，培养孩子乐观开朗、健康向上的良好心态。如果同学间发生了不愉快的事情，家长也要冷静处理，教育孩子以正确的态度对待，通过合理的方式解决。

第二，从严管理，务必事后惩戒，防止事件再次发生。

一般地，校园欺凌事件的发生不是偶然的，它往往有一个从同学关系不和、矛盾逐步形成到进一步激化的过程，这就要求学校和家长密切关注学生的日常行为表现，一旦发现学生有不正常的言谈举止和闹矛盾，务必及时提醒、批评，不能视而不见，而是划出红线，如果学生有过激行为发生，要及时给予批评教育，必要时给予警告和处分，不能采取无原则的和稀泥的方式处理。只有家长和学校对校园欺凌事件坚持“零容忍”的高压态势，让加害者承担相应的责任，才能产生让学生不想违纪、不敢欺凌、后悔欺凌的教育效果。

我认为，对一个处于成长期的孩子来说，当你对他们“犯再小的错也要认真对待、严肃处理”时，那警示作用就有了，惩戒目的就达到了，校园欺凌事件也就完全可以遏制乃至避免了。

三、解决校园欺凌事件要坚持和解为上原则

在所有的人际关系中，同学关系是最纯真的，它没有铜臭的味道，也少有利益的瓜葛。尊敬师长、团结同学、互帮互助、共同进步是基本的校园风尚，这种价值倾向对学生未来的学习、生活和工作的影响是潜移默化、深远持久的。正因为如此，即便是欺凌事件发生了，各方也尽量不要把矛盾进一步激化，只要有一点可能，也要尽百分之百的气力让他们和解，一定不要因为学生间一时的冲突和过激行为造成“再过二十年，我们再相会”上的尴尬局面。

首先，家长要本着严于律己、宽以待人的原则，教育好自己的孩子。当同学间发生矛盾和欺凌事件时，作为家长首先要从自家孩子身上找原因、查不足、找问题，不护犊子不护短，不要把责任往外推。这是对别人孩子负责，更是让自己孩子终身受益的做法，只有这样才能让孩子学会合理的处世之道，才能让孩子在身边聚集更多的帮手。

其次，校园欺凌事件的加害方一定要主动向受害方承认错误，赔礼道歉，如果有伤害情况发生，更要积极主动地加以治疗赔付，以最大的诚意求得对方的谅解和宽恕，最大限度地把欺凌事件控制在违纪和民事范围内解决，为欺凌事件当事方的和解创造条件。

最后，校方和家长要努力“让校园成为给每个学生留下美好回忆的地方”。在加害方深刻反省自己的错误和有悔改表现的基础上，从双方孩子的身心健康出发，从同学的良好关系出发，从学生的长远发展出发，从班集体整体利益出发，做到让欺凌事件的双方同学能消除隔阂、不计前嫌、握手言欢，进而摆脱双方心灵的阴影，以轻松的心态共同走上“重生”之路，把坏事变成孩子人生成长道路上的好事。

校园欺凌现象是难以避免的社会现象，它不仅仅是学校的问题，而且是学生、学校、家庭和社会的系统问题，不可能一蹴而就地解决。但孩子是家庭的未来，也是国家和民族的未来，孩子的身心健康不仅是家长所盼望的，更是教育行政部门工作的重中之重。因此需要各方携手，一起努力，共同构建和谐社会，创建平安校园，促进学生健康成长。

14. 看到“霸座男”，我要问两句

这两天，关于“霸座男”的视频风靡网络，不时击打着我的神经。

在一列从济南开往北京的高铁上，一名男子惬意地半躺在靠窗的座位上，当一位女士上车拿着车票，说这是她的座位，并礼貌地请他让开座位时，该男子笑容灿烂，开始耍起了无赖，说什么“自己站不起来”“谁规定必须按号入座”“要么你们扶我找个轮椅”等，即便列车长出面，还说自己知道这不是自己的位子，但就是站不起来，仍然悠闲地瘫坐在自己霸占的位子上，厚颜无耻至极！

起初我还有点不相信，是否有哪位低级无聊者想当网红想疯了，后来才知道这“霸座男”孙某是真名实姓，且一路名校就读深造：教育部某 985 高校本科毕业，中国某研究院硕士毕业，现正在韩国一所知名的高校攻读博士。唯一能让我稍微平静一点的是，该男子在中国考博时因作弊被取消资格。我不禁要问：

一、“霸坐男”是谁家的孩子?

养儿育女本是人之常情，家之常态，但在开放竞争、思想解放的今天，父母在孩子的培养方面生而不养、养而不育已经不是个别现象。

应该说，家庭是孩子成长的第一所学校，父母是孩子的第一任老师，家教是给孩子上的第一堂课。孩子本应有父爱如山，母爱似水的

家庭环境，但是现在不少孩子在成长过程中不是缺“山”，就是少“水”，不缺的是爷爷奶奶隔辈的呵护和姥姥姥爷过分的溺爱。

现在有的孩子我行我素成为习惯，以自我为中心成为当然。家长重视孩子文化知识的学习，但忽视孩子道德品质的培养和良好行为习惯的养成。我不想知道“霸座男”到底是谁，但可以想象他一定是在娇生惯养、缺少教养、过分溺爱、唯我独尊的家庭环境中长大，否则也不会失去做人的起码标准，丢掉社会的道德底线。

二、“霸座男”是哪所学校的学生?

教书育人是学校的基本功能，传道、授业、解惑是教师的基本职责，但不知何时，应试教育在个别地方、在一些学校愈演愈烈。为博取政治资本和一时的经济利益，某些地方官员和学校领导一门心思去追求升学率和名校人数，把培养社会主义建设者和接班人，培养有理想、有道德、有文化、有纪律的“四有”新人抛在了脑后或只挂在嘴边。“分分学生的命根”成为教育学生的至理名言，“两眼一睁，开始竞争”成为激发学生潜力的法宝，结果老师只看重智育，学生只看重考试分数。可以想象，“霸座男”在小学、初中、高中时一定是考试的尖子，是家长的骄傲、老师的自豪、学校的荣耀，也应该是学校推荐给师弟师妹们学习的榜样，这就是某些地方教育的现状，这就是“霸座男”这样文化成绩突出而道德素质低下者出现的原因。

“智育不合格是次品，体育不合格是废品，德育不合格是危险品”。“霸座男”不仅是危险品，关键还是有文化的危险品，正所谓“流氓不可怕，就怕流氓有文化”，不然“霸座男”也不会极尽狡辩之能事。

家长对孩子的溺爱不是真正的爱，学校的应试教育也不是真正对学生负责。

“霸座男”已经成为“名人”，成了众人谴责的对象。我不知道将来有哪个单位还会愿意招用他，也难以想象他在社会上能顺利发展。我要说的是，给他造成伤害的不是别人，正是他生活的家和所上的学校。愿这样的家和学校越少越好，愿所有的家庭和学校都能树立正确的成才观和教育理念，使社会上不再出现“张座霸”和“王座霸”。

15. 这样的学校不去也好

也许我是老师的缘故，和同学朋友相聚，几句话不到就不自觉地扯到了孩子上学教育等问题上。

一朋友说，中考后本打算把孩子送到河北省某著名高中就读，因为错过了交费时间，被取消录取资格，孩子倒无所谓，他本来就对该校不怎么感兴趣，但家长当时很惋惜，两口子还互相指责一通，不得已只好另谋他校。后来在全面了解了该校的实际管理模式后，家长说了一句话：“这样的学校不去也好。”之所以这样说是因为该校已经忘记了教育的初衷。

一、丧失了办学的道德底线

教育是良心活儿，教师是太阳底下最光辉的职业。有道德的教育不能掺杂铜臭，更不能把商品经济下对经济利益的追逐移植到教育教学活动中。据说，该校在招生录取时，以高额金钱为诱饵买断中考“状元”等高分学生。据家长反映，也不知道通过什么渠道，中考成绩一公布，该校就搞到了中考学生家长的电话，对高分学生采取一对一的“赎买”政策，开出不等的价格，少则几万，多则二三十万。俗话讲：“吃了人家的嘴软，拿了人家的手短。”家长若拿了学校的金钱，你怎么和学校就孩子的教育进行真诚沟通、做好家校配合？若学校出高价“买来”了这些学生，其他学生怎么能和这些特殊学生平等地享受教育、获得关爱？

二、迷失了育人的正确方向

百年大计，教育为本，教育事业关乎祖国的未来、民族的希望。学校本应以培养德智体美劳全面发展的人才为己任，但该校坚决推行应试教育，以牺牲学生的综合素质和个性发展为代价，“低头闭嘴”是基本要求。据学生说，该校的教学工作轻讲授、重做题，学生有统一自习安排，无个人支配空间，大量的时间在搞题海战术，剥夺学生个性思维，俨然成了应试教育的“高考加工厂”。学校毫不掩饰自己实行的是“军事化管理”模式，美其名曰是要培养学生吃苦耐劳品质，养成遵规守纪观念。但它忘记了，我们的人民解放军可是在为国家安全、人民利益、民族尊严而坚持“服从命令是天职”的原则，必要时要舍生忘死、为国捐躯。这所学校奉行“两眼一睁，开始竞争”“提高一分，干掉一千”“只要学不死，就往死里学”的极端自私的个人主义和单打独斗作风，我认为这是对军事化管理的误解。我不知道在这种模式下培养出来的“学霸”，是否能让孩子受益终身，是否能成为家长的骄傲、学校的自豪，是否能成为社会主义事业的接班人和国家建设的栋梁之材。

三、失去了学生健康的身体

也许你不知道，迄今为止我们发现的毛泽东同志公开发表的最早的文章不是有关治国理政方面的论述，而是以“二十八画生”署名刊发于 1917 年 4 月 1 日《新青年》第三卷第二号上的《体育之研究》一文，文章发出了“文明其精神，野蛮其体魄”的号召，我想这应该就是 1952 年 6 月 10 日毛泽东同志为中华全国体育总会题词“发展体育运动，增强人民体质”的思想源泉。在毛泽东题词精神的指引下，我国国民素质有了长足发展。

有人说，学生智育不合格是次品，体育不合格是废品，德育不合格是危险品。这很有道理。应试教育大行其道，致使“小胖墩儿”“近视眼”比例有增无减，学生患颈椎病、腰椎间盘突出并非个例。究其原因，尽管有家长对孩子呵护溺爱的原因，但管理部门监管不力、考试选拔体制不完善脱不了干系。不管怎样，作为教书育人圣地的学校绝不能对学生身心健康视而不见，更不能以牺牲学生身体健康为代价换取升学率。但该校却大胆地做出一项不可思议的决定，那就是学生一天三顿饭，每次只给 20 分钟时间，我曾问过在该校就读的学生，你们怎么保证能吃上饭？该生说："我们学生从教室到食堂，从食堂到宿舍都是一路小跑，即使这样有时也吃不上饭或者狼吞虎咽吃上两口就了事了，否则迟到就要挨训！"对该校这种"规范化"的应试教育模式，我不愿过多评价，但一位教育同行发文质问该校："你多给学生 5 分钟吃饭时间又能怎样？"

我真为在这里上学的孩子的身体担忧！我真不想看到 5 年、10 年、20 年后他们有胃病发生，真希望他们的身体健康不受影响，真希望学生们永远阳光乐观、积极向上！

为了祖国的未来，为了民族的希望，请救救孩子！请纠正这些学校扭曲的教育！

16. 让孩子能"远走高飞"

"远走高飞"一词最早出自战国时期屈原的《九章・惜诵》："欲高飞而远集兮，君罔谓汝何之？"意思是说：我想抽身远走高飞啊，可又怕君王诬我说："你背叛我，要去什么地方？"

现在成语"远走高飞"的意思是：人向远处走，向高处飞，寻找光明的前途。

今天我借这一成语想说的是，我们父母望子成龙、望女成凤，不就是要培养孩子能"远走高飞"吗？

何为“远走”？就是孩子离开家长后可以独自处理工作和生活中遇到的问题，能尽早成家立业，让家长放心，走出一条自己的人生路。何为“高飞”？就是让孩子能够在更高的发展平台上实现人生价值，创造美好生活，为家庭发展、国家富强、民族复兴做出更大的贡献。

那么，我们家长应该怎样做呢？

一、让孩子能“远走”

家长要充分认识培养孩子基本生活能力的重要性，让孩子做到可以自理自力。我们家长一定要明白，你不可能永远陪在孩子身边为他服务，他早晚要离开你独立生活，这就要求家长在孩子的成长过程中，不要事事包办、一管到底，不能对他时时处处放心不下，而是该放手时就要放手，教育指导孩子自己动手处理应该在他的年龄段由他自己处理的问题，做他自己该做的事情。

同时，我们家长还要教育孩子正确对待生活中遇到的问题，特别是培养孩子抗挫折的能力，让孩子知道，在他的成长进步过程中，不可能永远是一帆风顺，不可能时时处处都是鲜花和掌声、成功和喝彩，一定还有荆棘和伤痛、失败和挫折。这也是孩子能“远走”的前提。当孩子身心健康、懂得做人道理、知道怎么为人处世了，孩子离开你以后，你就可以放心了。

二、让孩子能“高飞”

家长要教育引导孩子提高工作能力，有丰富的知识、综合的素质和专业的技能。世界这么大，发展又这么快，孩子靠什么和别人竞争？社会竞争又这么激烈，孩子怎样才能做到和他人合作共赢或战胜对手？当然，无论竞争多么激烈，只要你有真才实学、聪明才智，能力出众、业务精湛，那么胜利就永远属于你，这就是实力。

我在课上曾经给学生说过一句话：“小鸟不怕树枝折断，是因为它有矫健的翅膀。”作为家长，我们要想让孩子跟上时代的步伐，勇立时代潮头，就必须提高孩子适应社会的能力，给孩子插上腾飞的翅膀。

这就要求家长在新的社会发展条件下树立正确的育人观、成才观，配合学校和社会，形成教育合力，提高孩子的竞争力，让孩子不仅能离开父母“远走”，而且还能超越父母“高飞”。

这里我特别要强调的是，家长培养孩子“远走高飞”，是要适应社会发展的需要，因为社会的发展已不可能让下一代一直“守家待地”、“不远游”了，而是要胸怀天下、志在远方。“远走高飞”绝对不是让孩子忘祖忘本，不管父母，成为不孝之子。相反，不管孩子你走多远、飞多高，就是到了天涯海角，你永远不要忘记你是从哪里出发、在哪里起飞，不要忘记父母是最牵挂你的人、家庭是你最温暖的港湾，这样做到了饮水思源、知恩图报，才能实现家庭和社会的可持续发展。

切记！孩子，你不仅是家庭的未来、更是国家和民族的希望！

17. 别忘记自己是干啥吃的

从小到大，不知多少次听过说过“别忘记自己是干啥吃的”这句话。但我一直认为这是说给别人听的，是家长吵孩子不懂事的一句口头语，结果上次听了一节班会后，忽然意识到这还是一句自我反省的箴言警句。

那天是新学年高二年级第二次班会，各班黑板上醒目地写着班会的教育主题——不忘初心，勇于前行。我掂着凳子来到六班，悄悄推门坐到教室后边。教室里非常整洁，也很肃静。班主任老师开门见山明确了这次班会的活动方式：“‘花开高三，根系高一，拼在高二’，不知不觉我们已升入高二年级，前两天我已经通知了大家今天的班会主题，请同学们先思考三分钟，然后按位置顺序逐个上台发言，总结一下入学一年来你的表现，谈谈你的内心感受，说说高二怎么办。不要冠冕堂皇，要实实在在……”

可以说上台的每个学生说得都很不错，同学听得也很认真，老师也适时做针对性的点评。当轮到第五排的一名男生发言时，他低着头走上讲台，双手扶着讲台桌，沉思片刻，然后猛地抬头严肃认真地说：“说实话，过去的这一年，我基本上是在放松、迷茫的状态中过来的，可以说把自己入学时给家长的承诺抛到了九霄云外，辜负了父母的期望，通过这两天的反思我才醒悟过来，知道了自己来这里是干啥吃的了……”说完后自信地回到座位上，同学们为他鼓掌，我目光一直盯着他，就是这句“知道自己是干啥吃的”，让我对他肃然起敬，禁不住和同学们一起为他加油，好像美好的前程在向他招手。

仔细琢磨“别忘记自己是干啥吃的”这句话，我认为重在“吃”字。

一、别忘记自己是“吃”什么长大的

俗话说：“靠山吃山，靠水吃水。”尽管我不赞成环境决定论，但不同生活环境下长大的人确有不同的品质、爱好和追求，“穷人的孩子早当家”这句话不无道理，艰辛苦难的生活背景练就了一个人的坚忍不拔和顽强意志，厚道质朴、勤俭节约是不少成功人士的家训家教。因此，我们无论走到哪里都不要忘记自己是从什么样的成长环境和家庭背景里走出来的，都要保持家乡的“味道”。

但是，在不良的人际关系影响下，在酒色财气诱惑下，有的人忘记了自己的成长背景和奋斗轨迹，迷失了方向，误入了歧途，结果苦不想吃了，累不愿受了，活儿不想干了，整天不思进取、吃吃喝喝、迷恋享受，严重者坠入了违法犯罪的深渊。

只有时刻反省自己是“吃”什么长大的，才能不忘记自己走过的路，才能珍惜当下的美好生活，以敬畏之心对待所做的工作。

二、别忘记自己“吃”谁的饭长大的

“人是铁饭是钢，一顿不吃饿得慌”，这话一点不假。从在襁褓中哇哇哭啼到喃喃学语，从第一次跌跌撞撞学走路，到背着书包上学堂，在这漫长的成长道路上，父母为孩子付出了无数的心血，倾注了数不尽的爱。成功时他们为你微笑喝彩，失败时他们默默地给你加油打气。但我们有些孩子从来就不反思自己的成长过程，对父母过去的含辛茹苦置若罔闻，对他们的生活不闻不问，甚至成了白眼狼，有的成为以自我为中心的独行者，家长说不得，老师吵不得，没有了感动，忘记了感恩，让父母落泪，让帮助他的人伤心。

当父母不再年轻时，我们要多给他们一点关爱，哪怕你不在他们身边，也要时常给他们一些问候。只有知道自己是“吃”谁的饭长大的，才能懂得感恩，才会心存孝心。

三、别忘记自己为什么而“吃”

就业是民生之本，劳动是谋生手段。一个人不可能永远在父母的羽翼下生活，必须学会飞翔，学会打拼，能够自理自立。但我们有些人却没有了自己的人生追求，忘记了工作的光荣和崇高，结果吃饱了喝足了以后忘记了自己的职责身份，别说“干一行，爱一行”，就是“当一天和尚撞一天钟”也难以做到。

一个人在社会上要扮演不同的角色，当然也就必然承担不同的责任，医生要治病救人，救死扶伤；教师要教书育人，传道授业；警察要英勇无畏，保一方平安；而作为一名学生，理应珍惜时间，刻苦学习。当你时刻能清楚自己的身份，去精益求精、不断努力地把自己的本职工作做好，那你就是一个有责任感的人，有担当的人，就是一个知道自己是干啥“吃”的人。

当我们时时刻刻记住了“别忘记自己是干啥吃的”这句话的时候，我们就会不断反省自己。这样才能做一名让家长放心的好孩子、对社会有用的好公民，才能为祖国建设尽一点力量。

18. 难得问心无愧

如果有人问，人活着为了什么？那高尚的、纯粹的人会说为了他人，为了集体，为了社会，为了国家，甚至是为了全人类；而自私点、低俗点的回答就是为了自己，“人不为己，天诛地灭”。今天我要谈的也是人活着是为了自己，只不过是为了自己的良心。

著名作家刘心武和妻子吕晓歌情投意合，相亲相爱，是一对琴瑟相调、心心相印、相濡以沫的好夫妻。一天晚上，刘心武伏案疾书，听着睡眠中妻子平稳的鼻息声，他心灵中便有了一种无形的伴奏，文思泉涌，思路大开，越写越精神。后来他问妻子：“你为什么不失眠呢？头一挨枕头就呼呼大睡。”吕晓歌说：“我为工作忙，为你和儿子累，上床的时候心里坦然无愧，为什么要失眠呢?”说得刘心武感慨万千。

“坦然无愧”“问心无愧”，多么难得的人生境界！那么我们怎么做才算做到了问心无愧呢?

“问心无愧”就是做你该做的事情。人的一生要扮演不同的角色，在家应长幼有序，不能没大没小；在单位要恪尽职守，还要有全局观念；在外都是公民百姓，彼此要谅解尊重。不同行业有不同行业的工作内容，不同领域有不同领域的工作要求，但无论做什么，都要扮演好自己的角色，塌下身子，做自己该做的事情。当你做到了孝敬父母、尊老爱幼，勤勉工作、尽职尽责，和谐相处、宽容大度，你就可以问心无愧了！

“问心无愧”就是做好你该做的事情，就是不管做什么工作都要尽最大努力，做到精雕细刻、精益求精。

环境在变化，社会在发展，一项工作也许难以做到尽善尽美，但你完全可以做到尽心尽力，“没有最好，只有更好”。夫妻二人不管是在家相夫教子的还是在外奔波劳作的，你总可以做到担当守护、细致入微；师生之间不管是传道授业还是知识渴求，你总可以做到爱心敬业、勤奋刻苦。香甜可口的饭菜和物质财富，固然是家庭的追求，但团圆和相守何尝不是一家人的期盼；金榜题名是老师对学生的期望，但竭尽全力地努力学习何尝不是学生对父母和老师最好的报答。我们每个人在各自平凡的岗位上不为名、不为利、不唯上、只唯实地做了自己该做的事，尽力做了自己能做的事，不留下任何遗憾，这就是问心无愧。

“问心无愧”就是对得起自己的良心，它体现在做人做事，反映在家庭内外，它需要我们一辈子的恪守、每时每刻的反思。当你做到了问心无愧，就会坦荡做人；当你做到了无心无愧，就能理直气壮；当你做到了问心无愧，就敢于直面结果；当你一生做到了无心无愧，别说每天晚上“头一挨枕头就呼呼大睡”，就是在弥留之际也敢发自内心地发出“上对得起天，下对得起地，中间对得起朋友、同事、集体和工作”的最好总结，你就能安然“入睡”，长眠于世！

19. 文明从学会“走路”开始

无论是二三十年坚持不懈地骑二八大自行车，还是现在偶尔开车上下班，我都自以为是比较遵守交通规则的。但是昨天的步行上街，却暴露了我和文明市民的差距。

昨天，有老学生从北京回邯郸，招呼了几名高中同学一块儿聚聚，叙叙中学时光，聊聊美好回忆，并约我这班主任前往。我欣然应许，于是下班后便从单位步行前去聚餐地点，当走到中华大街和丛台路交叉口时，我紧走两步赶上了绿灯，从西向东穿过马路后下意识地从南往北左转弯走向斑马线（绿灯），然后欲向北直行。一名交警很礼貌地示意我停步，我莫名其妙——没闯红灯呀？低头一看，原来我左转时没有走直角上斑马线而是抄近路转弯，我立刻后退两步按规则通过，并不忘回头向那位认真执岗的交警挥手致意。

后来只要步行过马路，我都按规定路线行走，因为脚下是“文明”的底线。

目前，邯郸市的创建全国文明城市工作已进入冲刺阶段，标准要求更高，工作要求更细，检查要求更严，督察力度更大。单从交通文明来说，就需要大家学会“走路”，按规定骑车，按规章开车，不违规停车等，这一系列的要求实质上就是要强化我们的规则意识。

什么是规则？规则就是人们生活和工作中应该遵循的规律和法则，它是社会进步的标志，是文明社会的反映。

一、规则意识是法律意识基本要求

法律意识是人们对于法律知识的评价和落实态度的总称。人们法律意识强弱的基本表现就是看规则意识强弱。我国有着两千多年的封建史，君臣父子思想根深蒂固，专制思想、长官意识影响深远，人们的法律意识历来淡薄。因此，我们总会发现许多不合法的甚至是藐视法律的现象，严重的如反映问题要上访，发现问题爱聚众，出事以后爱闹事；轻者如不遵守交通规则，不爱护公共财物，随地吐痰，乱扔垃圾等。这些都是法律意识淡薄的表现。

人们的违法行为有两种类型：一是故意而为之。如大街上个别人开着无牌车（或临牌车）肆意闯红灯，以显示自己的“勇敢”和特殊；二是根本就不懂法。如很少出门的老人或驾车新手在新交规面前不知所措，于是发生违法现象等。

增强公民的法律意识就要加强对公民法律知识的宣传普及，首先要让人们知法。中共中央办公厅、国务院办公厅曾印发《关于实行国家机关“谁执法谁普法”普法责任制的意见》，明确提出“谁执法谁普法”，这不失为一种好的方式，或许这就是公安干警走出办公室，来到大街上宣传交通规则、疏导行人、指挥交通的普法和执法活动相结合的依据，这也是市民文明程度提高的重要举措。

二、规则意识反映人的道德水准

小时候经常会听说谁家的孩子老是惹事，“小错不断，大错不犯，住不了监狱，告不上法院”，现在想起来，这种行为实际上是挑战社会道德的底线。道德的标准比法律的要求要高，强化人的规则意识的高层次要求就是提高人们的道德水准。社会生活中缺乏道德约束者大有人在，形式也是五花八门，比如交通方面的机动车乱变道，机动车乱鸣号，乘车人往车窗外扔垃圾，骑车人横过马路、快速行驶、急停急刹，行人随意穿马路，还有那些“时尚”的社会青年甚至中学生骑着电动车大声放着低音炮摇滚乐故意在人行道上穿梭行驶，以显示自己的存在，等等。我们说人要有公德，当然开车、骑车也要有车德，这不仅是规则的要求，更是人的道德品质的体现。曾有人说，只要不扣分，罚个千儿八百无所谓。这难道就是素质？只能说是“有钱俺就任性”的素质低下的表现。

在商品经济迅速发展的今天，在应试教育盛行的大环境下，金钱至上、考试分数至上的思想大行其道，以致虽有不少家庭培养出了大学生，也有的中学成为所谓名校的摇篮，从这些家庭和学校走出的大学生才华出众者不少，但道德素质很低的人也不在少数，这些人以自我为中心，个人利益至上，不顾他人利益，不考虑社会影响，我行我素，不懂规则或不把规则当回事，轻则缺乏道德修养，重则没有法律意识。

在文明城市建设如火如荼之时，全体民众都不是旁观者，都应该是文明的使者，所有市民要对职能部门的管理、工作人员的工作表示尊敬和感谢，并以实际行动尊重他们的劳动成果。

文明城市创建不是运动，而是要通过创建活动提高人们的道德素质，增强人们的法治观念，强化人们的规则意识，改善人们的生活环境，让违法行为受到惩罚，让违规行为得到纠正，让违反道德行为受到谴责，只有这样，全社会成员才会有强烈的规则意识，并让遵守规则成为人们的自觉行为。

城市文明请从学会“走路”开始。

20. 静思沅江三中弑师案

据报道，2017 年 11 月 12 日，湖南省沅江市第三中学 16 岁的高三学生罗某，在老师办公室将自己的班主任鲍某刺死。罗某平时成绩优秀，考试成绩经常是年级前十、班级第一，没有人想得到，一个成绩优异的学生，会如此对待自己的班主任老师。要知道，在私下里，学生可称鲍老师为“鲍嗲”的，在沅江方言中，“鲍嗲”是一种亲切的叫法。

不知从何时起，教师被列为社会上高危的职业之一，家校摩擦时有发生，师生冲突也偶有报道。但真的看见沅江三中弑师案的报道后，我还是倒吸了一口凉气，深感震惊和不安。

我参加工作 20 多年，长期负责学生教育管理工作，接触过各种各样的学生，处理过不计其数的学生事件。说实话，在和学生和家长打交道过程中，我也发过脾气动过火，有和家长和学生耐心谈话超过两个小时的，也有教育时机不对，当场大发雷霆中断交流的；有学生、家长对我感激不尽的，也有家长、学生对我有意见甚至埋怨的，但要说有什么深仇大恨，应该没有。特别是每逢节假日，往往还有曾被我批评教育甚至处分过的学生向我问候。

我不可能详尽了解沅江三中弑师案的详细过程及背后的矛盾和怨恨，无法深究这次是激情伤害还是积怨太深的终极爆发，也没资格借此事件去指责谁或对沅江三中的教育工作说三道四。但联想到近几年一些地方愈演愈烈的中小学应试教育现状、无序的生源争夺大战、“不能让孩子输在起跑线上”的补课乱象，我总感觉“弑师案”“弑母案”这类的极端惨案好像不是发生不发生的事，而什么时候发生的事，在哪儿发生的事。因为问题虽然出现在学生身上，但背后的根源却在家长对孩子的成才理念、老师对学生的育人思想、一个学校的办学宗旨、社会的舆论导向和有关部门的监管上。

是该反思的时候了！

一、家长应该反思

2016 年的高考作文题是一幅漫画：画面上左边的学生第一次考了 100 分，被亲了一下，第二次考了 98 分却被扇了一个耳光。右边的学生第一次考了 58 分，被扇了一个耳光，第二次考了 61 分，也被亲了一口。考生可以从社会、人生、学习等各方面展开丰富想象下笔，但漫画起码反映出多数家长对孩子考试成绩的重视和表现好坏的评价标准。

所有的家长都想让孩子优秀，望子成龙、望女成凤是家长对孩子的渴望，但什么是优秀、怎么才算成才却在家长心中有不同的标准。很多家长把考试成绩高低作为衡量的唯一标准，在这一心理的驱使下，他们希望孩子能够考高分、上名校。以成绩论成败、以学校论英雄在家长看来已经再正常不过。可是，分数真的可以代表孩子的能力？上名校是否就意味着孩子是人才呢？

家长对孩子的成长发展提出要求理所当然——“子不教，父之过”，关键是家长能否根据孩子的兴趣爱好、能力基础给出科学的引导、提出合理的要求，不要生硬地违背孩子的志向，把家长自己的意愿强加给孩子，让孩子走家长主观设定的路线，把目标仅仅盯在应试成绩上。

我更希望家长对孩子要严格管教，但不是简单地强迫孩子服从，而是耐心说服教育。当孩子做自己不爱做的事，学自己不想学的学科时，孩子就会觉得学习是一个痛苦的过程，就会感到身上担子的沉重和心里无名的压力。别忘记兴趣是最好的老师，幸福就是做自己喜欢的事情。孩子固然不能为所欲为、我行我素，但家长也不能简单地把自己的意志强加于孩子，使孩子没有自己的成长空间，失去独立的意识，否则必然导致孩子产生抵触、反叛与对抗的情绪，出现与父母关系紧张、厌学、逃学等现象，甚至走上歧路，做出过激行为。在这次沅江三中弑师案中，学生罗某的邻居唐先生觉得，罗某杀人或许和罗家人对他的要求太高有关，家长对他的学习成绩要求高，特别是他的妈妈，对他抱有很大的期望，要求也比较严格。我想这也许只是外人看到的表面现象。严格无可厚非，但如果家长的严格没有被孩子理解，如果家长的严格超过了孩子的承受能力，也许孩子的发展离家长的愿望反而越来越远了。

培养孩子不要只看分数，更要重视素质和能力；培养孩子不要只盯着结果，而要关注孩子的学习过程；培养孩子不能站在家长的角度思考，而应以孩子为中心。家长树立了正确的成才观，那么弑师案式的悲剧或许就可以避免了。

二、老师应该反思

古往今来，教师一直是一个崇高的职业，人们赞美教师是“太阳底下最光辉的职业”“人类灵魂的工程师”“燃烧了自己，照亮了别人”，等等，所以才有“一日为师，终身为父”的“师父”之说。在长期的教育工作中，我亲身感受到了教师职业的酸甜苦辣和幸福崇高。但在市场经济大潮下，教师教书育人的天职在一些地方大打折扣，老师把教书当作教考试，把育人当作育考生。当老师把学生的文化考试成绩当作唯一的目标时，也许离教育悲剧的发生就不远了——无论是对学生、对家长，还是对老师、对社会。

在应试教育盛行的一些地方，有些老师辛勤工作不是在为学生的未来着想，也不考虑学生的学习和生活感受，而是在为自己的名利盘算，追求的目标就是所教班级名校录取人数，本科、专科上线率，或者是当地的状元、榜眼和探花，因为这关乎老师的工资待遇和奖金。据报道，沅江三中学生罗某的成绩足够让他考上一所重点大学，但他对此并无太大兴趣，罗某的同学告诉记者，罗某曾经给不止一个同学讲过，自己只想考取本市一所普通二本学校，他对自己这个规划的解释是："我只想过轻轻松松的生活。"但鲍老师和家长可对罗某寄予厚望，这次沅江弑师案的导火索，正是因为罗某对班级周六下午的教育活动安排感到不满而受到班主任鲍老师的批评。罗某当时认错态度不好，鲍老师又联想到他近期"学习上很懈怠""成绩起伏较大"，于是让他报了家长的电话号码，在鲍老师打给他父亲的电话无人接听，正准备拨通他母亲电话时，站在侧后方的罗某突然掏出水果刀，刺向了班主任……

显然罗某并不觉得班主任鲍老师的付出是对他的关爱，从他的举动可以看出，家长的到来不是意味着痛打、臭骂，就是难以忍受的讽刺和挖苦，或者是不知如何面对的尴尬场面。也许这时他精神上再也承受不住，于是悲剧终于发生。

当老师、家长的要求违背罗某的愿望，同时父子、母子的紧张关系不能释放，老师又忽视对罗某心理问题的关注，于是，鲍老师打给家长的那个电话，成了压垮罗某脆弱心灵的最后一根稻草。

在这里，我不能轻率地评论鲍老师，更不敢对鲍老师有丝毫责备，真希望鲍老师能好好地安息。我想说的是起码在学生罗某的做人、心智培养方面存在遗憾，有句话说得好："世界最远的距离是我爱你，但你却并不领情。"

善于倾听是最好的沟通。学生罗某的家长不知如何和孩子沟通，老师也没有足够重视，更没有做好。

三、学校应该反思

不久前，我接触了一名在外地某名校上学的学生，谈话半个多小时，他基本上低头不语，只是“嗯”“啊”“是”“不是”地应付着我，沉默寡言，自卑心强。原来他所在的学校有不成文规定，那就是“低头闭嘴少说”，学生的任务就是学习书本知识，按高考指挥棒，考啥学啥，不该说的少说。

现在，“办家长满意的学校”成为不少学校的办学理念，但别忘记，学生永远是学习的主体，“成就学生”才是办学的真正目标，况且，让家长满意不是让家长只满意孩子的考试成绩，而是满意孩子的能力和综合素质，是让家长一辈子因为孩子的优秀而骄傲和自豪。对学生负责、成就学生，就是要因材施教，而不是强人所难；不是对学生负责三年，而是负责终身。而当学校教育教学工作被“家长满意”绑架，学校成为考生加工厂，教育成为面子工程，办学成为急功近利的工作时，当学校把学生的综合素质抛到九霄云外，把感恩教育、生命教育、综合能力的培养当成摆设时，当课外体育活动成为学生的奢望、才艺展示成为苛求时，学校不仅不会成为学生成才的摇篮，反而会成为学生一生的灰暗记忆。

十年树木，百年树人。所谓“学生”就是所处成长的年龄段该学什么，学校就教什么，而不是考什么教什么。一个学校培养一个“学霸”容易，但培养一个真正的人才难。据报道，沅江三中领导多次找班主任鲍某谈话，希望他“多培养出一些尖子生”。我想，如果认为罗某这样的高分生就是尖子生，则一个培养不出来也罢！

四、“罗某”们应该反思

也许生活年代不同造成考虑问题的方法也不一样，我在孩子的教育培养上比较传统，总认为对孩子来说，父母把你带到世上就应该感恩一辈子，常言道："狗不嫌家贫，儿不嫌母丑。""疯狗还不咬主人。"学生罗某对老师、长辈再有意见也不能下此狠手。

现在很多孩子从小就在长辈的百般呵护下成长，过着无忧无虑、饭来张口、衣来伸手的生活，根本就体会不到劳动的苦，感受不到生活的挫折。殊不知，一个人从你呱呱坠地到咿呀学语，从认识一个个字母到学识丰富，其中渗透着父母和老师多少的心血和汗水，只是由于父母长辈们不愿意再让你吃他曾经的苦，受他当年的累，才对你关爱有加，甚至是溺爱，结果不仅没有得到应有的爱的回报，反而养成你不良的习惯，倔强、偏执的性格和错误的行事方式。

"罗某"们，父母对你生育之苦，你应该终生不忘，对你的养育之恩，你应该终生回报；老师对你知识的传递，你应该铭记在心，对你成长的引导，你应该感恩戴德。我想对"罗某"们说：只要有一点爱心、感恩和责任心的孩子都应该对养育你的家长说一声"谢谢"，对培养过你的老师道一声"您好"。

最后我要特别说的是，政府有关部门也应该反思。

曾几何时，教育被当作一项产业在一些地方大力推进，甚至还把教育当作带动当地餐饮、交通等经济发展的支柱产业。试想，当"太阳底下最光辉的职业"沾染了铜臭，当教育事业成为当地招揽生意的手段，教师也就难以摆脱经济利益的驱使，进而违心地做出有悖教育规律的事情。当地方政府单纯地把名校升学人数、重本升学率作为对学校考核的指标时，当把"学霸"等同于人才时，学生德智体美劳全面发展、综合能力培养也只能停留在口号上了。

教育关乎孩子的未来，关乎家庭的幸福，关乎祖国的希望，这次湖南沅江三中学生弑师案，刺向的不只是老师，还是中小学教育现状。弑师案中失去的是老师、可恨的是学生、可怜的是家长，应该警醒的是学校、政府和社会。

身心健康、素质全面才是正确的人才观；因材施教、按规律办事才是正确的育人方式；去除产业特征，摒弃功利色彩，才是教育的本来面目。

与其让孩子疲于奔命，不如让学生主动圆梦。

重回教育之道，让我们大家共同为孩子铺就一条适合他自己的成才之路!

21. 教育就是给孩子改正的机会

尽管说教育不是万能的，但我相信每个孩子都是能教育好的，因为任何一个生命来到世上，除了性格上有遗传因素外，像一个人的品质和习惯的好坏，都是后天环境影响和教育的结果。我相信每个人天生都带着善的种子，对于犯错的孩子，只要我们善于开发，给他改正的机会，都是能改好的。

上学期，高一年级一个学生多次犯错，班主任、年级给了他多次改正的机会，但孩子屡教不改，最后还是犯了严重错误。如果按家长和孩子的书面保证，必须劝他退学离校，当学生的违纪材料报到我这儿时，我反而犹豫了，二十多年的教育工作经历，让我养成了一种习惯，就是只要是学生有了严重违纪需要从学校层面做出处理时，我都要亲自和学生谈话，不失去任何对学生教育和挽救的机会，也就是给学生改正的机会。

在我和这个严重违纪的学生及家长进行了一个多小时的谈话后，还真是触动了孩子的内心，最后一再请求学校再给他一次改过自新、重新做人的机会。经学校商议，最后给了他留校察看处分，在后来的日子里，果然他变化很大，逐步走上了正常学习和健康成长之路。

对一个正处于成长期的孩子来说，他的可塑性很强，他还未成年，更没有踏入社会，对很多事情处于懵懵懂懂的状态，犯点错误在所难免，这时家长和老师的教育引导非常重要。我们说“千里之行，始于足下”，同时，“千里之堤，溃于蚁穴”，对孩子来说，任何不该做的事情都要给他毫不留情地指出来，告诉他这样做的危害性和严重性，以防微杜渐。也正因为他是孩子，是在变化中、成长期，无论他犯多么严重的错误，都不能一棒子打死，应该坚信他的本质是不坏的，“治病救人”是我们的责任，让他“改过自新”是我们的努力方向。

对于孩子的错误，一是不能迁就，有一有二，最好不要有三，尤其是孩子所犯的原则性错误。二是对孩子所犯错误也不能抓住不放。有句话说得很有道理：孩子是在不断犯错误中成长起来的，世界上没有不犯错误的孩子。

如果我们不给他改正的机会，那孩子将不再跟你说真话，而是学会了撒谎和逃避，结果会离我们越来越远。

因为他是孩子，所以犯再小的错也要认真对待；也正因为他是孩子，所以犯再大的错也要给他改正的机会。这就是教育。

22. 家长如何让孩子在假期“游”中“学”

假期，让孩子在“游”中“学”并不难，关键是家长要用心。

学生紧张的学期生活即将结束，不少家长都在盘算着如何让孩子过一个充实有意义的暑假，有争相报班上奥数的，有利用假期学体育艺术的，有利用难得的假期让孩子放松旅游的，当然也有家长担心孩子暑假痴迷网络游戏。不管怎样，对学生来说，难得的假期不是加班学习，不是放任不管，而是紧张学习后的休整。今天我说一下如何让孩子利用暑假时间适当旅游。

学生的旅游不同于成人，他们还不宜游山玩水、放松享受，他们也不应该随心所欲、任性旅游，而是应该清楚自己的学生身份，努力做到在“游”中“学”。

家长应该怎样帮助孩子在假期做到“游”中“学”呢？

一、精选旅游地，跟着课本去旅游

“读万卷书，行万里路”“纸上得来终觉浅，绝知此事要躬行”都是强调社会实践的重要性。在学校，学生通过个人预习、老师讲解、课后练习、定时检测等完全可以了解自然科学知识的道理，记住社会知识的要点，但要真正掌握书本上科学知识，理解作者的创作背景、人物描写语言、抒发出来的情感，把书本知识变成自己的知识和综合能力，最好的方式是实地考察、体验生活。我们不可能穿越历史，亲身体验作者和主人公的真实生活，但完全可以深入实地了解历史和社会的变迁，增加一点感性认识；我们也没机会重走长征路，亲身经历“大渡桥横铁索寒”的艰辛，感受“更喜岷山千里雪，三军过后尽开颜”的革命乐观主义精神，但完全可以到井冈山、瑞金、遵义、延安等地实地参观，通过历史文物、文献资料、历史遗址等了解工农红军万里长征的背景、过程和伟大意义。

我认为，凡是课本中涉及的城市、人物、古迹、山川等，家长都可以根据条件把它作为孩子假期外出旅游的目的地。

二、依据个人爱好，随着兴趣去旅游

学生由于生活经历不同，性格气质有异，不同的人有不同的兴趣爱好或者说理想追求，有的爱好自然科学，对天文、地理、物理、化学感兴趣，那可以到自然博物馆、天文馆、航天展等景点参观；有的对历史感兴趣，则可以参观博物馆、历史展、革命圣地等；当然也有的想到广袤无垠的沙漠、一望无际的草原、天青水蓝的海角天涯、“一览众山小”的名山抒发一下感情，这也是很好的旅游选择。

正因为孩子的兴趣爱好不同，在选择外出旅游目的地时，一定要征求孩子的意见，尊重孩子的愿望，而不能只根据家长的喜好来选择。

三、根据学习要求，按照需要去旅游

2017 年全国高考语文试卷的作文材料是这样的：

据近期一项对来华留学生的调查，他们较为关注的“中国关键词”有：“一带一路”、大熊猫、广场舞、中华美食、长城、共享单车、京剧、空气污染、美丽乡村、食品安全、高铁、移动支付。请从中选择两三个关键词来呈现你所认识的中国，写一篇文章帮助外国青年读懂中国。作文要求是：选好关键词，使之形成有机的关联；选好角度，明确文体，自拟标题。

我们可以通过上述作文题目洞察教学改革的信号和学生努力的方向。你说这作文材料和题目是考语文，还是考历史？想来想去，我觉得是在考政治。写好这篇文章要求学生有丰富的知识、广泛的涉猎，学生必须了解社会、丰富知识、提高素养、关注传统与热点，学校更要注重对学生思辨能力的培养。一个“两耳不闻窗外事，一心只读圣贤书”的学生，可能对其中的“关键词”就没听说过，更别谈如何下笔去写了；一个对政治科目不感兴趣的学生也许不知道该如何去辩证地分析说明他的论点。

什么是学生应该学习的？哪些是学校应该培养学生的？如果我们的学校和家庭教育一味地来应付考试，不注重学生综合素质的培养，也许将来孩子连“学霸”也当不成了，更别说适应社会、面对竞争、迎接社会挑战了。

因此，家长要利用假期时间，根据孩子发展需要和学习的要求，主动地带孩子走出家门，走进社会，来到平民百姓中间，让孩子体会“人间”的酸甜苦辣，懂得百姓的辛勤劳作，感受国泰民安的大好形势。“美丽乡村”可以去，孩子的“老家”应该回，“共享单车”可以骑，公园的“京剧”试着听，大妈们的“广场舞”可以学，“一带一路”可以游，“长城”应该登，当然“食品安全”“空气污染”问题也可以和孩子聊。外出旅游的目的地不在乎远近，学生需要去的就是应该去的，这不仅是对孩子的要求，也是家长应该提前备好的课。

四、怎样进一步提高“游”中“学”的效果

第一，和孩子一道，提前查找资料，了解目的地的历史知识、风土人情、重要事件、著名人物，做到带着问题出游。

无论是出于什么目的、哪种出游方式，都要做到有的放矢。

第二，记得在旅游景点聘请导游讲解。

无论你提前翻阅多少资料，也不如当地“专家”形象生动、深入浅出、言简意赅的讲解给孩子的印象深刻、记忆久远。

第三，及时记录，别忘记离开景点时买本资料。

“好记性不如烂笔头”，再深的旅游印象、再好的记性也不如让孩子及时留下笔迹，当然更深的、更全面的了解，也许就依靠买一本书后的回味阅读了。全面介绍某个旅游景点的书不是你随时随地可以买得到，可能只有在你离开的“景点”才有卖的。

最后提醒家长的是：外出旅游前别忘记提醒孩子带笔和日记本啊！

学生的出游不是游山玩水，不是简单的放松心情，而是紧张学习后的休整，是对课本知识的巩固、社会知识面的拓宽，是让学生把记忆的知识转化为实际的知识和能力。

假期，让孩子在“游”中“学”并不难，关键是家长要用心。

23. 培养孩子就是培养习惯

经常听到家长抱怨说，孩子大了，不好管了，不能管了，稍不顺心就顶嘴，还没有说他两句就发脾气，不知怎么办才好。我告诉他们，孩子不是管出来的，是培养出来的，培养孩子就是培养习惯。

如果我们家长在孩子小的时候就从饮食、处事、学习、行为等方面培养孩子好的习惯，孩子长大后自然懂事，各方面也知道应该怎么做，当然也就是孩子“好管”。否则，其所作所为肯定会随心所欲或受到周围同学、朋友的影响，这样在思想上和行为上和家长产生分歧也就在所难免。“习惯成自然”就是这个道理。那么，家长该如何培养孩子好的习惯呢?

一、从小抓起，从小事做起

第一，培养习惯要从小抓起。

孔子曰：“少成若天性，习惯之为常。”意思是说小时候养成的习性，好像天生的秉性一样，习惯了的事情会变得很普通、很平常。一个人呱呱坠地，来到世上，其头脑犹如一块神奇的土地，所谓播种一种思想，收获一种行为；播种一种行为，收获一种习惯；播种一种习惯，收获一种性格；播种一种性格，收获一种人生。

在实际生活中，家长往往忽视对孩子习惯的培养，甚至耽误了孩子良好习惯培养的最佳时期，以致影响了孩子的健康成长和发展，究其原因是孩子的出生必然给整个家庭带来无尽的幸福和快乐，这时家长更多关注的是孩子吃、穿和身体的健康成长，而容易忽视对孩子良好行为习惯的培养。

幼儿时期正是培养一个人良好习惯的关键期，心理学认为，培养孩子的兴趣和习惯越早越好，最好从两三岁开始。中国人常说“三岁看小，七岁看老”，“三岁看小”意思是说一个孩子从三岁时的心理特点、个性倾向就能想象到这个孩子青少年时期的心理与个性。三岁到七岁被称为幼儿期，又叫学前期，在这个阶段，父母的期望、行为习惯和一些生活标准会渐渐被孩子接受并内化为自己的期望和行为规则。所谓“七岁看老”是指到七岁时，儿童的个性特征、行为习惯开始形成，你基本可以预测他成年以后的成就和功业。这尽管有点绝对，但至少说明了从小培养孩子良好习惯的重要性。

当然，也有不少家长奉行“树大自然直”的教子理念，殊不知，无论“树大”后自然“直”（个人受到挫折后主动转变习惯），还是被动“直”（个人迫于外在压力而转变习惯），往往需要孩子个人或父母付出很大的代价，不仅事倍功半，而且严重的可能耽误孩子的发展。

第二，培养习惯要从小事做起。

孩子良好习惯的培养还要从点滴小事开始，“勿以善小而不为，勿以恶小而为之”，不经意间的一件小事，如果处理不当，则可能影响孩子的行为习惯。因此，培养孩子良好品行应从珍惜粮食、不说脏话、学会礼让、懂得感恩、爱护公共设施等身边小事做起；培养孩子好的学习习惯应从听故事、看图书、练习写字、认真按时完成作业、合理安排时间等开始。这样从低起点做起，小坡度提高，重过程培养，孩子的良好习惯一定会培养起来，久而久之就一定能奠定孩子一生好的基础。

二、订立规矩，严格落实

没有规矩不成方圆。我坚持认为孩子的生活习惯、学习习惯、工作习惯、活动习惯等均是受家长、老师和社会影响而后天养成的。我不赞成人性本善或本恶之说。人生下来尽管在个性、气质上是有差异的，但心灵最初并无善恶之分，恶与善皆是后天形成的习性而已，你播下善的种子，他就会开出爱的花朵；你如果播种恶的种子，必然结出恶的果子。如果在孩子成长的不同阶段，家长能及时根据其身心特点有序地订立适当的规则，则孩子就可以按照我们画的“路线图”健康成长。有家长介绍经验说：在孩子三四岁刚懂事时，他们就在语言上告诉孩子说礼貌语言，如见大人要说“叔叔好”“阿姨好”，分别时说声“再见”，接受他人馈赠要道声“谢谢”等；在行为上教育他不要吃独食，学会分享，相互礼让，彼此宽容等。孩子上学了，就要督促其养成按时到校，不迟到、不早退的习惯；在学校要认真听讲，自觉遵守校规校纪，回家后先完成作业，再从事其他有意义的活动。上初中后就特别要求其各科全面发展，学会独立思考，培养自主学习能力和责任意识，正确处理和同学的关系，特别是培养孩子正确面对困难和挫折的意识，提高自觉主动解决问题的能力，等等。这就是给孩子的规矩和要求。

良好的习惯帮助孩子成就事业，是孩子一生取之不尽、用之不竭的宝藏。规矩制定只是培养孩子习惯的第一步，关键是随后能否落在实处。

我们知道，一种想法只要不断地坚持，就会成为习惯性思维；一种行为只要不断重复地做，就会成为习惯性动作。心理学上认为形成习惯最少要持续 21 天的重复，如果要巩固下去，则要持续坚持。从这个意义上说，规矩的制定既是对孩子的期望，更是对家长的要求，一方面教育孩子要令行禁止，另一方面家长要认真督查，不能迁就孩子，使制定的规矩、提出的要求流于形式，形同虚设。

但是，在实际的生活中，往往有不少家长无原则地心疼孩子，使规矩和要求的落实大打折扣，甚至虎头蛇尾、半途而废，我经常告诫家长，长辈对孩子无原则的宽容和溺爱，无助于孩子的健康成长，不利于孩子良好习惯的培养，反而是纵容了孩子不良习惯的形成。

当然，养成习惯、订立规矩并不是说父母可以主观臆造标准，违背孩子的天性，限制孩子的潜能，磨灭孩子的兴趣，相反，正确的规则是要根据孩子的个性特点，因势利导，顺势而为，不能千篇一律，而应是“私人订制”，这样才能更好地发挥孩子的特长和优点，促使孩子更好地成才。

三、习惯培养要常抓不懈，循序渐进

“江山易改，禀性难移”，讲的是习惯培养的难度，也说明习惯培养需要过程。归纳一句话就是：孩子要“慢养”，不能急于求成。

我们都知道良好的阅读写作习惯对孩子来说非常重要，那你知道这样的习惯是逐步培养起来的吗？用心的家长是这样做的：在孩子还不识字的时候家长就要克服困难，坚持让孩子在父母讲着故事的陪伴下入睡；三岁左右开始，家长就要耐心指导孩子看图识字、说话、讲故事；从孩子上小学就开始培养其记日记的习惯（哪怕几行字也行），并且只要外出参观旅游或遇到有意义的事情，就一定要求孩子带上笔和本，记录所见所闻，回家写出心得体会。此外，家庭还应该坚持购买和订阅有正能量的图书报刊，这样家长和孩子可以利用业余时间共同阅读，交流感受，相互激发。这样日复一日，年复一年，孩子由听到看，由看到读，由读到写，由读一个故事到读一篇文章，由读一篇美文到读一本名著，由写一篇日记到轻松写出一篇作文，久而久之，孩子的阅读能力提高，美文佳作写成。如果这样坚持下去，形成了习惯，难道还用强迫孩子上什么作文辅导班吗？

习惯是人们积久养成的生活方式。孩子的习惯培养是一个有序的积累过程，要坚持，不能急于求成，需要由简单到复杂，由被动到主动，由父母监管到自觉能动地循序渐进，当习惯由行为渗透到心灵时，孩子就成了自己命运的主宰者，如美国教育家曼恩所说：“习惯就像一根缆绳，我们每天给它缠上一股新索，要不了多久，就会牢不可破。”

良好的习惯帮助孩子成就事业，是孩子一生取之不尽，用之不竭的宝藏，当孩子长大后，也许他忘记了我们认为重要的许多东西，但良好的习惯会伴其一生，终身受益。

24. 寄宿制学校如何家校共育，助孩子成才

不知从何时起，寄宿制管理成了家长给孩子选择就读学校的重要参考，也成为一些学校宣传招揽生源的招牌，并且这种管理模式也由

最初的高中学校，下沉推延到了初中乃至小学，甚至有的幼儿园也已开始实行全托管理模式。

可是，在实际的办学和教育过程中，寄宿制学校管理是否满足了家长的合理需求、实现了真正的人才培养目的呢？我看没有。因为从了解的情况看，无论是家长还是学校老师，对一些学校的寄宿制管理模式并不全都支持，在一定程度上可能是无奈的选择。鉴于此，要做好科学合理的寄宿制学校管理，让学校真正担负起“为党育人、为国育才”重任，我觉得还有很多工作要做。

一、寄宿制学校兴起的社会背景

现在的寄宿制学校管理和历史上的学生在学校住宿的原因不完全一样。过去，学生上学住宿是因为学校少，上学路途远，而且交通不便，家远的孩子不得不在学校住宿。而现在家长给孩子选择寄宿制学校的原因有了很大变化。

1. 随着科技的不断进步、社会的快速发展，人们的生产生活逐步摆脱了地域的限制和家族的约束依赖，城镇化步伐加快，大批农村人口和劳动力涌向城镇工作就业，于是不少家长给孩子选择在自己就业地的寄宿制学校就读。

2. 随着市场经济的发展，社会资本渐渐渗透到了教育领域，尽管这在一定程度上有助于学校之间的竞争，起到了优胜劣汰的作用，但从另一角度看，一些薄弱的、偏远的学校难以维系，办不下去，结果“县办高中、乡办初中、村办小学”模式受到冲击，导致教育发展的不平衡，于是家长不得不让孩子到外地上学。

3. 应试教育理念的影响。我们说“社会即教育”，但是现在在一些学校变成了“教育仅在学校”。我们素质教育的目标是面向现代化、面向世界、面向未来，努力培养德智体美劳全面发展的社会主义建设者和接班人。而应试教育的目的就是简单地以升学为目的，重视分数，培养“学霸”。于是一些学校把教学内容压缩为考试科目、考试内容，考啥教啥，学生的综合素质、社会实践能力成为可有可无的事情。一些学校还迎合部分家长需求，实行关门儿搞教育，这样也催生了寄宿制学校的快速发展，并且还美其名曰“办家长满意的学校”。

二、寄宿制学校的利与弊

寄宿制学校迅速发展客观上适应了社会发展的需要，对教育的发展有巨大的推动作用，但是在寄宿制学校的发展过程中，对其反对的声音也从来没停止，其弊端不容小觑。

1. 寄宿制学校有利于学生课本文化知识的学习，但是有可能影响到孩子综合素质的培养。寄宿制的学校一般来说有严格的学科文化知识的教学内容和要求，有比较充足的时间保证学生接受课本知识的学习。同时，如果老师能够积极教育引导学生了解社会、接受新知识，那么学生在文化知识和科研能力方面的竞争力将是很强的。但是，如果寄宿制学校简单地进行封闭管理而从事应试教育，就会使学生的所学知识受到限制，有可能让学生脱离社会，缺乏开拓思维，进而可能形成高分低能现象，出现学生将来步入社会、走上工作岗位后劲不足的不良结果。

2. 寄宿制学校有助于锻炼孩子的独立生活能力，但可能不利于孩子亲情的培养。在国家计划生育政策的影响下，现在家庭的孩子减少，少子化、独生子女成为常态。所以在不少家庭，孩子成为家庭的中心，这些环境中成长的孩子，自理自立能力差成为普遍现象。在这种情况下，家长送孩子到寄宿制学校学习生活，毫无疑问，对孩子的成长进步、能力锻炼是有利的。但是，如果家长仅仅是为了孩子文化课的学习，不给孩子沟通好，没有让孩子理解父母的良苦用心，那必然会削弱了孩子的亲情和家庭责任感，更不要说家国情怀了。也正因为如此，不少在寄宿制学校就读的孩子常常感觉自己被父母抛弃了，甚至觉得自己在家里是负担，毫无价值，进而影响到成年后家庭亲密关系的建立，导致幸福感缺失。

有人曾说过，有的寄宿制学校就相当于半个孤儿院。这话可能说得有点过头，但是不无道理，因为，只有父母把孩子“一把屎、一把尿”养大，他才会知道父母的辛苦；只有家长对孩子的问寒问暖，才能让孩子知道家长的温暖情怀。有父母在，这孩子就有了温暖的港湾，他就知道感恩父母、感恩社会、感恩国家。所以说，让孩子在寄宿制学校就读，不仅仅是让孩子学文化知识，家长还要配合学校培养孩子健全的人格，不要让寄宿制的学校生活隔离了父母对孩子的爱。

3. 寄宿制学校有助于强化学生的规矩意识，但可能压制了学生的个性发展。

学生时代精力充沛、记忆力强，是文化课学习、综合素质培养、青春绽放的大好时光。作为学生文化课学习和综合能力提高的场所，学校可以实行必要的封闭式管理，但学校还是学生生活的场所，不能简单地实行军事化管理。

让学生全面发展，就要允许和鼓励学生发问、敢于说出自己的想法，因为你将来步入社会、奔赴各行各业后，除了有基本的专业知识、职业道德和法治观念外，还要能充分发挥主观能动性，这样才能挖掘其潜力、绽放其个性，展示自己的专业才华。而个别的寄宿制学校为了学生所谓的专心学习和安全，实行军事化的封闭管理，按照“服从命令就是天职”的部队规则来要求学生，这会在很大程度上泯灭了学生的综合素质和个性的培养，结果只是教出了考生、可能培养了“学霸”，但让学生失去了美好回忆和综合素质，走上社会后适应能力差，难以有大的作为。

三、在寄宿制管理模式下，如何家校共育、助孩子成才

1. 学校要有正确的办学理念。

寄宿制学校是将孩子们的知识学习、饮食生活、课后活动集合在一起的学校，学校不仅仅是学生获取文化知识的场所，也是学生生活

的空间。做负责任的教育，就要“对学生终身发展负责”，既“教书”又“育人”。寄宿制学校可以保证孩子有充足的学习时间和安静的学习环境，但是孩子离开了父母、暂时脱离了家庭后，学校在做好对学生文化知识传授的同时，也应该给他一个温馨的生活环境，让学生有“家”的感受，这不仅仅是一个吃喝拉撒睡的问题。

在寄宿制学校任职的老师，不仅要把书教好，还要扮演好父母的角色，承担起对学生内心和生活的关心关爱，让学生有一个温馨的氛围和倾诉的对象，让他们能说、敢说，保持青少年的真我特色。绝对不能把学生由“爱说爱笑变成了沉默寡言”，由“活泼好动变成了畏手畏脚”，失去孩子应有的童真和诚心，否则可能影响到孩子的性格和气质，不利于拓展性思维的培养，难以有一个完美幸福的人生，也不可培养出真正的人才。

2. 家长要对孩子有正确的成才观。

德智体美劳全面发展，专业突出、综合素质全面才是成才的标准。有的家长让孩子上寄宿制学校，把文化课的成绩作为衡量孩子是否努力的唯一标准，于是，有的寄宿制学校把“因材施教”简化为“因分施教”，在教学过程中以考分为目标，只抓高考科目和中考科目，对其他的学习科目是形同虚设、偷工减料，忽视对学生综合素质的培养，进而走上应试教育的邪路。

所以我们家长要树立正确的成才观，对学校开展的素质教育活动要理解，对学生的社会实践活动要大力支持，配合学校做好孩子的教育工作，让社会教育能够融入到学校的教育教学工作中。

3. 学校要把家长作为教书育人的同盟军。

切记，不管孩子在什么学校就读，家长永远是孩子的监护人。寄宿制学校不管如何封闭，绝对不能把家长封在对孩子的教育工作之外。

据了解，因为担心家长事儿多，有的学校在学生生病、思想波动、情绪低落时，简单归因于学生独立生活能力差，不准学生请假离校。

而有的家长在孩子出现不适应学校生活的时候，又以孩子受不了罪、装病为名，简单地吵孩子，不让请假回家。这都不利于孩子在学校的学习和健全心智的形成。

请记住，老师再有爱心也代替不了伟大的母爱和父爱。孩子上学再远，寄宿制学校封闭得再严，也隔不断孩子对家的向往和对父母的依赖。因此，学校和家长一定要理解孩子的合理诉求，对孩子进行正确的教育和引导，密切配合，形成合力，发挥好寄宿制学校对孩子学习成长的积极作用。

我认为，在寄宿制管理的学校，要做好学生的教育培养工作，我们的学校和家长还有很多工作要做。

25.“办家长满意的学校”之我见

每当听到看到“人民对美好生活的向往，就是我们的奋斗目标”宣传口号时，我总会联想到我从事的教育行业的一个口号——“努力办人民满意的教育”。因为“人民对美好生活的向往”，当然包括人民对教育事业发展的向往。

那么，到底什么是“人民满意的教育”呢?

有人认为，“人民满意的教育”就是“家长满意的教育”，所以，有的学校就提出了努力“办家长满意的学校”的口号。

那么“家长满意的学校”是不是一定就是“人民满意的教育”呢?我的回答是“不一定”!因为“人民满意的教育”是要求学校顺应时代发展要求，为国家和民族发展培养德智体美劳全面发展的社会主义建设者和接班人；而让“家长满意的学校”有可能是满足一些家长的诉求和价值取向，他们的诉求不一定正确。只有当家长对孩子有正确的育人观、成才观时，“家长满意的学校”才符合“人民满意的教育”要求。

学校要真正办好“家长满意的学校”，就应该做好以下几个方面的工作。

一、扎扎实实搞好教学工作，提高学生的文化成绩

“分儿分儿，学生的命根儿。”尽管这话说得有点过，但这是任何人都不能回避的现实。无论社会怎么发展，学生的文化课成绩毫无疑问是衡量一个学校办学水平高低的重要指标。

学生的本职就是学习，其中最基本的是科学文化知识掌握程度和应用能力的学习。从小升初、初升高，再到大学的招录，不管国家怎样改革，最后都是建立在一定的文化课成绩基础之上的。所以，如果学校没有系统的整体教学计划，老师没有扎实的学科知识功底，课堂上没有严密的教学环节。那么一所学校是不可能让学生取得理想的文化成绩的，当然家长也是不会满意的。

二、重视学生身心健康，培养学生健全人格

因学生身体和心理问题，这些年我们听到、看到过不少教育的悲剧，眼睛近视就不用说了。此外，轻者有学生腰椎间盘突出、胃疼难受、产生厌学情绪；重者逃避退学、出现心理疾病，甚至发生悲剧事件。比如前些年的复旦大学1名学生给室友投毒案、湖南沅江一起中学生的弑师案（就此我还专门写过一篇文章——《静思湖南沅江三中弑师案》），2018年在高考第一天，河北平泉市发生了1名高考生的跳楼案。至于这两年因为新冠疫情的影响，不少地方的学生需要居家学习，其间因为各种原因导致学生成绩下滑、思想波动、负担加重、心理障碍，甚至一幕幕悲剧，更是让人触目惊心。

这时不少家长才终于意识到，孩子的学习成绩固然重要，但是孩子在成长过程中，身心健康才是一切的前提。只有学生身心健康了，思路清晰了，学习效率才会提高。

实践证明，一味追求升学率的应试教育的办学模式，已经不是家长所期望的模式了，一个负责的学校绝对不能以牺牲学生的身心健康为代价，换取一个只留下文化分数的考生。

如果有的学校以“办家长满意的学校”为借口，提出所谓的“只要学不死，就往死里学”的励志教育的口号，一定是对家长极大的不负责任。

三、坚持立德树人，塑造学生高尚的道德品质

有人说“智育不合格是次品，体育不合格是废品，德育不合格是危险品”。

因为道德品质低下的人，不仅影响个人的发展，而且会给他人带来不良影响，严重的还会做出危害国家、社会和民族的事情。所以真正负责任的教育，必须注重对学生思想道德品质的培养。

在一些错误思想引导下，个别地方、个别学校可以说把应试教育搞到了极致，置学生的思想道德培养和身心健康于不顾，把培养社会主义建设者和接班人的崇高责任放到了脑后，提出了“提高一分儿，干掉一千”的所谓励志口号。我想，在这样的教育观念指导下，除了能培养出几个自私自利的精致的利己主义高分“学霸”之外，哪能培养出互帮互助、团结协作的思想品德高尚的学生？哪能培养出心胸开阔、海纳百川的具有团队精神的学生？至于说当社会、集体和国家在特殊时期需要舍己为人、大公无私、隐姓埋名奉献时，我想这些学校的毕业生肯定是躲得远远的。所以，要真正办“家长满意的学校”，就必须为家庭、为社会、为国家、为民族培养有政治觉悟、有道德情操的时代新人。

四、让学生全面发展，培养学生综合能力

在计划生育和隔代养育等因素影响下，大人对孩子的娇惯溺爱成为普遍现象，不少家庭在孩子需求上是要啥给啥，“明着不给暗里给，爸妈不给隔辈给，今天不给明天给”，谁也不愿意让孩子受苦受累。所

以，完全靠大人培养孩子的自理自立能力、吃苦耐劳能力和综合素质，不是那么容易做到的，尤其是在培养孩子抗挫折能力方面，可能对家长来说真的是“力”有余而“心”不足。

这时如果学校也片面追求分数和升学率，不担负起对学生综合能力的培养之责，而是简单地迎合个别家长，获取家长的支持，那结果只能培养出“高分低能”的学生，这不是对学生真正的负责，不是在办家长真正满意的学校。

如果要真“办家长满意的学校”，学校应该做的是和家长及时沟通，引导家长树立正确的育人理念，让家长知道，学生不是学习机器，而是鲜活的人，学校不是要培养“学霸”，而是要培养人才。

因此一个负责任、有良心的学校就要把孩子眼前的得失和长远发展结合起来。在把文化知识教好的同时，还要保质保量上好应开尽开的所有课程，“为人生筑基，为历史开篇”，让学生德智体美劳全面发展，让学生终身受益。

当今世界，竞争的实质是以科技和经济为基础的综合国力的竞争，归根结底是人才的竞争，而人才的竞争是教育的竞争。但教育的竞争，可不仅仅是文化考试的竞争。因此学校必须按教育规律办事，真正对学生负责、对家长负责、对国家和民族负责。“办家长满意的学校”可不是让家长满意几年，而是要满意一辈子，让学生身心健康、素质全面、专业突出、能力出众，成为社会需要的优秀人才。

办“家长满意的学校”需要听取家长的意见，但是不能简单地迎合家长，不然就可能偏离了正确的育人方向，不是真正的“人民满意的教育”了。

26. 孩子成才就是家庭的可持续发展

十多年前，我曾到山西灵石静升村王家大院游览。一路上听讲解、看实物、查资料，感受颇深，思绪万千。也许王家大院没有乔家大院出名，但比乔家大院更有气派，有“民间故宫”之说。所以继“黄山归来不看岳”“五台归来不看庙”之后，又有了“王家归来不看院”一说。但是，游览回来以后给我印象最深的不是王家大院“五巷六堡一条街”的大院气派，也不是雕梁画栋的精美建筑，而是王家的发展变迁。

王家大院的始祖王实早年从太原迁来，从小本生意做起，靠做豆腐发家，慢慢弃农经商，铜板变成了银票，豆腐担变成了票号，所住窑洞经过明清两代300多年建设（现存主要在康雍乾时期建造）变成了城堡。但后辈人不知道珍惜，奢豪无度，导致大院败落。光绪十七年（1891），王家的继承人王梦鹏等人染上毒瘾，于是，王家大院便呻吟消失在了鸦片的云遮雾绕之中。

今天我就和大家聊一下培养孩子为了啥。

第一，从个人角度说，培养孩子就是为了让孩子有一个幸福的人生。什么是幸福？可以说时代不同，认识标准也不一样。旧社会养孩子是要“守家带地，养儿防老”，世世代代以家庭为单位生活在一起就是幸福；甚至还有“女子无才便是德”，更别说外出打工了。孔老圣人就说过：“父母在，不远游，游必有方。”（《论语·里仁》）可见在那些年代，父母每天能看见孩子就是幸福，当然孩子的理想也就是守家在地，留在父母身边耕田劳作。

随着商品经济取代了自给自足的自然经济，社会的发展必然要突破地理区域限制，实现人财物等资源的优化配置。在这种社会背景下，家长必须为孩子“远走高飞”创造条件，从小培养孩子的自立能力和综合素质，这样才可能让孩子有一个幸福的人生。

第二，从家庭角度看，培养孩子就是为了家庭的可持续发展。光宗耀祖是中国人根深蒂固的家庭信念。但是中国还有句老话是“穷不过三代，富不过三辈”。“穷不过三代”就是说第一代家庭贫困、勤俭持家，第二代奋发努力、自强不息，培养出第三代学业有成、勤劳致富。“富不过三辈”就是第一代富裕殷实，第二代不思进取，第三代纨绔子弟，成了败家子。它提醒我们，一个富足的家庭未必能一代一代延续下去。

国家和社会要可持续发展，家庭当然也要可持续发展，“富不过三辈”就是没有做到家庭的可持续发展。

怎样才能使家庭得以可持续发展呢？那就是培养孩子成才，让孩子优秀，使下一代文化素质高，综合能力强，敢于担当。我们知道，海尔公司老总张瑞敏当年靠动画片《海尔兄弟》征服了下一代人，所以企业才能长盛不衰，不断发展壮大。我们家长也要有长远眼光，培养出优秀的孩子，这样才能使家庭实现可持续发展。

第三，从国家的角度说，培养孩子就是为了国家和民族的繁荣昌盛。培养孩子一定要让他有家国情怀。人是社会的人，社会性是人的本质属性，一个人的成长、生活和工作进步离不开社会。只考虑自己个人利益的人不可能对他人和社会负责，难以对父母负责，更别说对国家和民族负责了。而能对父母、他人、社会和国家负责的人，必然会对个人负责。所以我们要努力让孩子成为国家发展的建设者和接班人。

“家是最小国，国是千万家”，当每个孩子都成才时，他就实现了自理自立、事业有成，就可以使家庭可持续发展，就可以为国家繁荣昌盛尽一份力量，中华民族伟大复兴就能实现。

孩子成才是我们共同的期盼。王家大院最后换了主人，值得我们深思，但是王家大院能家运长久，更值得我们学习，那就是注重对后人的教育培养。大院有两副对联就是很好的证明，一副是“创业维艰，祖辈备尝辛苦；守成不易，子孙宜戒奢华”，另一副是“先祖先贤成由勤俭败由奢岂敢相忘；后世后学幼当教养老当敬首在言行”。

第二部分　教育情怀

1. 素质教育与师爱

“素质教育”已不是什么新鲜词，从世纪之交就在全国大地上蓬勃开展，一二十年过去了，素质教育依然举步维艰，而应试教育在一些省市及学校仍然大行其道。

《中共中央 国务院关于深化教育改革，全面推进素质教育的决定》中指出：“实施素质教育，就是全面贯彻党的教育方针，以提高国民素质为根本宗旨，以培养学生的创新精神和实践能力为重点，造就“有理想、有道德、有文化、有纪律”的、德智体美等全面发展的社会主义建设者和接班人。”我坚定认为，无论素质教育在推进过程中遇到多少困难，都不能否认这才是真正对学生、对家长、对国家、对社会负责，这才是真正的人才培养。

提高人的素质就要坚持以人为本，遵循教育规律和学生成长的内在规律，使学生健康和谐地发展。素质教育的实施是一个系统工程，涉及国家、社会、学校、家庭等各个方面，而教师的素质是关键因素。

这里我着重谈一下师爱对素质教育实施的意义。

一、师爱是做好教育工作的起码要求

苏联教育家苏霍姆林斯基曾经说过："教育是人和人心灵的最微妙的相互接触，学校是人们的心灵相互接触的世界。"学校教育工作自始至终是一种人与人之间面对面地相互作用、相互影响的过程。老师只有充满爱心才能做好教书育人工作，才能培养出思想进步、人格健全、知识丰富、适应力强的高素质人才。

教师热爱学生是最宝贵的职业情感。瑞士教育家裴斯泰洛齐就特别强调爱的教育，提倡老师必须有一颗慈爱的心。苏联教育家马卡连柯也说过："爱是教育的基础，没有爱就没有教育。"师爱就要求老师对学生有一颗真诚的心，对教育事业有献身精神，它是师德的灵魂。充满师爱就要求：一是让学生和老师在一起有亲近感。学生把老师当依靠，感到心情愉快，同时老师牵挂着学生，就好像每个学生都有一根线牵挂在老师的心上。二是教师对学生要理解。老师应怀着体贴爱护的心情去观察和认识学生，这样才可能和有学生深刻、真诚的沟通。三是教师对学生有良好的期望，相信自己的培养一定会让学生不断进步。当教师全身心地爱护学生、帮助学生、做学生的贴心人时，师爱就成了一股暖流、一种巨大的力量，影响着学生的发展。

正因为有了师爱，学生才愿意接受教育，教师才能赢得学生的信赖和感恩，教育才能取得良好效果。

在旧的教育观念下，尽管大多数老师主观上对学生有善良的愿望，然而，在实际的教育教学实践中，却始终以权威自居，要求学生无条件顺从自己，甚至采用强制手段来维护所谓师道尊严。这一切严重束缚着老师的头脑，支配着老师的教育行为，导致师生关系的紧张甚至对抗。这种教育模式下的学生也许会有高分，但很难有健全的人格，这样一来，学生全面素质发展就成了一句空话。

二、素质教育对师爱的要求

教师对学生的爱，不是盲目的爱，而必须是一种符合教育事业的要求、符合正确育人观念的爱，它要求老师有高度的责任感和科学的态度，尊重教育规律，充满情感和理智。

第一，尊重学生。

尊重学生主要是指尊重学生的人格尊严，这是对师爱提出的最基本的也是最重要的要求。然而，我国社会长期以来残留着一种封建色彩浓厚的传统观念，那就是等级尊严，忽视人们的人格尊严。即便是文明社会的当今，依然有个别学校大行应试教育之道，不顾学生的个性追求，要求学生在学校“低头闭嘴”“不要问原因”“让你干啥就干啥”，把学生当成接受知识的工具，这种状况不利于学生身心健康的发展，更谈不上综合素质的培养。

其实不管学生年龄多么小、多么不成熟，也无论他身上有多少缺点和不足，教师都应该首先看到他是一个活生生的人，是一个受教育的对象，有着天然的求知欲望和探究的心。只有承认其做人的资格，把学生当作学习的主体，把“管”和“教”结合起来，才是真正对学生负责。

尊重学生的另一条要求是老师要坚决纠正一切歧视、侮辱学生的错误言行，不要用“笨死了”“木头脑袋”“这么简单的问题都不会”等语言来训斥学生，更不能动不动就用处分的方式来教育学生。中国有句俗话说：“良言一句三冬暖，恶语伤人六月寒。”青少年的心灵对这一点非常敏感，当然，对学生必要的批评教育甚至处分是必须有的。但是，教育家陶行知先生的提醒，还是需要每个教师铭记：“你的教鞭下有瓦特，你的冷眼里有牛顿，你的讥笑中有爱迪生。”

第二，了解学生。

了解学生是热爱学生的起点，裴斯泰洛齐主张，每一种好的教育都要求用母亲般的眼睛，时时刻刻、准确无误地看着孩子的眼睛、嘴的动作以了解他的内心情绪的变化。只有了解学生才能做好学生的教育培养工作。教育心理学告诉我们，青少年的内心世界总是自觉不自觉地向成年人关闭，而成年人又往往把学生看得过于简单，以至于对学生的微妙变化粗心大意。了解学生包括了解学生的身体状况、心理状况、家庭情况、知识基础、学习成绩、兴趣爱好、性格气质等，这是提高教育水平、增强教育针对性的必要条件。

了解学生不是一件轻而易举的事情，教师要在尊重学生的基础上走到学生中间，走进学生心灵。首先，不能让学生感到老师不可接近，而应使其感到老师容易接近，是一个可信赖的人，这样老师才能随时把握学生思想脉搏和心理特点。其次，老师应该掌握学生的特点，用学生的心理去揣摩学生、了解学生。再次，老师要给学生开辟沟通渠道，给学生创造表达思想感情的机会和条件，如与学生进行个别谈话，达到心与心的交流，以真诚的态度、亲切的话语，动之以情，晓之以理。还可以通过设立信箱的方式为那些不善于开口讲话的学生创造与老师交流的条件，使学生将内心世界对老师敞开，以便通过教师的指导和帮助，消除顾虑，融入集体，健康成长。

第三，关心学生，爱护学生。

学生是祖国的未来，社会和家长既然把孩子托付给学校和老师，则教师理所当然地要对学生的身体、学习、思想、情感、交友等加以关心，帮助学生树立信心，克服困难，当好学生的领路人。

关爱学生是从一些平常的事情开始的，老师应以父母般的心去关爱学生，以朋友般的情来对待学生，有时面对特殊的情况，为了保护学生的人身安全，还需要老师付出更大的努力甚至生命的代价。

第四，平等对待每一名学生。

师爱是应当给予全体学生的，不要厚此薄彼，“金凤凰”要爱，“丑小鸭”也要爱，对“好”学生不娇惯、不溺爱，对“差”学生不嫌弃、不厌烦。老师必须客观公正地对待每一名学生，同时也要是非分明地看待学生的各种行为，对优点进步要及时肯定、鼓励表扬，对缺点不足应及时指出，不姑息、不放任，真正对每一个学生的未来和前途负责。

公平和公正是让学生感到老师可亲可敬的前提，缺乏公正性的爱，必然会带来各种负面影响，对学生心理造成伤害。当然，公正、一视同仁地对待学生，并不否认因材施教，而是说不能从个人好恶出发区别对待学生。

第五，严格要求学生。

严格要求学生与关心爱护学生并不是对立的，而是辩证统一的。通过严格要求，对学生正确引导，促进他们素质全面提高，这正是对学生关爱的目的所在。所以教师应在爱的基础上，去严格要求学生。这就要求老师对学生的爱必须有原则，不能因为爱而失去原则，当然也不能因严厉而使师生产生隔阂。从本质上说，严格要求就是“严中有爱”、严而有方、严而有度、严而有恒，是对学生充满责任感的深刻的爱。

素质教育是以提高中华民族的整体素质为宗旨的教育，是以着眼于学生长远发展为目标的教育，我们强调实施素质教育，减轻学生过重的课业负担，不是要降低对学生的要求，而是对学生综合能力提高更高的期望，更对老师的教育教学能力提出了更高要求。这是社会激烈竞争的要求，是社会发展的需要。教育部门和学校必须负起责任，树立正确的教育理念，按教育规律办学，对学生负责；而教育工作者更要大力提倡师爱，提高修养，共同为素质教育的真正实施开辟广阔的道路，培养更多适应社会需要的人才，这样我国的教育事业才会有质的飞跃。

2. 培养孩子要有“三心”

十年树木，百年树人。培养孩子不是一朝一夕的事，而是一代、两代甚至是几代人的事，是家庭成员共同的责任，且是一项系统工程，需要家庭、学校、社会协调配合。孩子教育的基础打得好，则孩子越养越省心，否则孩子越大越难养。

养儿育女要用心。一棵小树长成栋梁之材，需要主人多年的浇灌、修剪，更要在大自然中经受风吹雨打。同样，一个孩子从牙牙学语到成人、成才更是一个漫长的过程，需要父母和老师对他在生活上呵护关照，在行为习惯上纠正引导，在学习上教育启发，在能力上培养锤炼，这不仅需要物力和财力的付出，更需要“心”的付出。归纳起来，培养孩子就是要有“三心”——爱心、耐心和狠心。

一、培养孩子要用爱心

爱心是一种奉献精神，是关怀、爱护人的思想情感。我们知道父母对孩子的爱是最无私的爱，父母不仅要关心孩子的现在，更要关心孩子的未来；不仅要关心他的文化成绩，更要关心他的综合素质；不仅对孩子要有爱心，更要用心去爱。

现在有的父母在孩子培养方面存在不少问题，生而不养、养而不用心者不是少数。这是对孩子、对社会不负责任的表现。当然也有的家长确实是不知道怎么做才是真正爱孩子、对孩子好。

现如今，孩子的培养方式已和过去大不相同。在家庭子女较多的年代，由于生活条件所限，抚养能力不够，不少家庭在孩子培养方面有心无力，只好“散养”，任其发展，这样的培养方式使孩子的个性得以充分形成、显现，孩子长大后在本土本地环境下适应能力也比较强，可是一旦走向社会、奔赴远方，在竞争激烈的大环境下就难有作为。随着社会的发展和计划生育政策的实施，到了少子化年代，人们在孩子的培养方式上也发生了很大变化，投入越来越多，期望也越来越高，由“散养”发展为“精养”，“不能输在起跑线上”、出类拔萃已成为多数家长的培养目标。

那么，家长该如何“精养”孩子呢？所谓“精养”就是用心培养，不是仅凭过去的经验，简单照搬别人的方法，而是根据自己孩子的特点和家庭实际情况因材施教，科学培养。

用心培养孩子的最基本要求是：吃要注意营养，合理搭配；穿要合身得体，消费适度；用要勤俭节约，不互相攀比；学要勤奋刻苦，全面发展；做人要尊敬师长，礼貌待人；做事要自强不息，追求卓越。所以说家长要从方方面面为孩子生活着想，对孩子的未来负责，努力让孩子在一种宽严适度、健康向上、积极进取的正能量的环境中生活成长。比如，以孩子应不应该看电视这件事来说，不少家长就是简单化处理，只要孩子在家就不开电视，理由是怕孩子看电视影响学习，我认为这不是对孩子的用心培养，而是不负责任的表现。“两耳不闻窗外事，一心只读圣贤书”的时代已经过去，在当今知识大爆炸的信息时代，任何人都要善于接受新知识，紧跟时代潮流，对孩子来说，电视不是看不看的问题，而是什么时间看，看什么节目的问题，正确的做法是家长要结合孩子所在的成长阶段、年龄特点，从孩子的长远发展和综合素质发展着想，和孩子共同约定看电视的规矩，包括观看时间、内容等，如做完家庭作业才能看，新闻、科技、教育等知识性栏目可以看，有助于丰富学生课外知识的大型活动节目可以看，中华优秀传统文化专题节目可以看，弘扬正能量的电视片可以看。当然还要约定观看时间的长短等。2019 年是新中国成立 70 周年，2021 年是建党 100 周年，如果让孩子在课余时间看看有关纪念活动的电视节目甚至参加有关活动，对孩子来说一定是难得的知识丰富的机会和励志教育机会。这才是对孩子的用心培养和真正的爱。

爱就是付出，爱就是奉献。一分耕耘，一分收获，只要我们用心去做，就可以让孩子在爱的家庭环境中快乐成长。

二、培养孩子要有耐心

行为心理学上讲，培养一个习惯需要21天。我认为不要把这一理论观点简单套用在培养孩子身上，因为这是在外界干扰很少的条件下的行为习惯培养。而现实生活中孩子的培养则是一个复杂的漫长的过程，需要坚持不懈的努力和反复的教育纠正，所以才有“十年树木，百年树人”之说。

一个人从幼儿到成人的十几年间，家庭情况复杂多变，生活环境也难固定，任何事情的发生、不同人的意见表达或多或少都会给孩子的认知带来影响，这就难免让孩子对父母和老师的要求及做法产生疑问。特别是随着孩子年龄的增长、文化知识的学习、社会知识的丰富、独立意识的增强，他的世界观、人生观、价值观逐渐形成，在这种情况下，孩子对一些问题有自己的想法是很正常的，对家长的要求产生疑问也是可以理解的，如果家长在教育孩子时没有耐心，动辄向孩子着急发脾气，久而久之，家长和子女之间就会产生隔阂，父母嫌孩子不懂事，孩子说家长思想保守，最后“话不投机半句多”，诸如父子之间、母女之间的对立也就在所难免。

培养孩子有耐心就是要设身处地站在一个正在成长、容易接受新事物的孩子的角度考虑问题，少些发号施令，多些交流倾听；少些长辈自居，多些朋友沟通；少些强词夺理，多些以理服人，在耐心沟通中学会教育人、引导人。

三、培养孩子要下狠心

我所说的“狠心”不是简单地让孩子受罪、受累，不是让父母对孩子撒手不管，不是把孩子“扔给”老人抚养，而是说不要溺爱孩子，要多给孩子提供锻炼的机会。

俗话说“桌子底下打不出拳术师，游泳池练不出好水手”，孩子是家庭的希望、祖国的未来，如果想把孩子培养成一个有能力、有作为的人，将来能够支撑起这个“家”，就必须让他接受困难和挫折的考验，经受大风大浪的锻炼，让孩子有更多吃苦的经历。现在不少孩子犹如在蜜罐里长大，父母两人“亲”，爷爷奶奶“爱”，姥姥姥爷就“怕照顾不过来”，所以有人说，现在的孩子：身体胖了，体质差了；给他付出的多了，反而脾气大了；想着个人的事多了，考虑别人的事少了；顺境还可以，一旦遇到挫折就彻底垮了。这是孩子的问题，但根源在父母、在家庭。

培养孩子下狠心就是让孩子吃苦，那什么算吃苦呢？现在很少有吃不饱穿不暖的时候，也不需要让孩子在多么艰苦的环境中生存，“吃苦”就是下狠心让孩子吃身体需要但自己又不爱吃的东西，就是下狠心让孩子做自己该做而又不愿意做的事情，就是下狠心让孩子敢于面对自己在学习和生活过程中遇到的挫折和打击，就是让孩子在艰苦条件下接受考验。比如夏天的炎热、冬天的寒冷、长途跋涉、入学军训等，家长绝对不要怀疑孩子的适应能力，不要心疼孩子现在的“受罪”。

家长对孩子再亲，终究他也要独立生活、成家立业。真正爱孩子是不仅要对孩子的现在负责，更要对孩子的未来负责。孩子将来能否成事，不在于能否享福，而在于能否吃苦。一个成功者不可能永远在顺境下生存，他的成功路上一定洒满了滴滴汗水乃至留下荆棘扎破的血迹斑斑。

3. “我”陪孩子去高考

每年的 6 月 7 日、8 日是高三学生的高考日，更是家长的“煎烤日”。

高考这两天，孩子很紧张，很辛苦，其实家长一点也不轻松，甚至比学生还难熬。为啥这样说，是因为学生在考场里，有电扇或有空调不说，即便考试难免紧张，好歹还知道考试题的题型和难易程度，相信学生开考后没多久就可以由紧张转为平静。而家长在外面顶着烈日，扶着紧闭的考点大门，立不安，坐不定，不知道孩子出来时是喜悦还是惆怅，你说家长的煎熬滋味谁能体会。

尽管干了20多年教学工作，但每每看到“离高考还有××天”的提示牌时，心里难免仍然一阵惊魂。不是因为我要参加高考，而是难忘陪孩子高考的日日夜夜。

那年，我孩子参加高考，根据规定，直系亲属必须回避有关高考的工作，这是我担任教育主任10多年来唯一一次置身考务之外，满以为可以放松一下，谁知陪孩子高考的几天很是痛苦漫长。

在孩子升入高三时，我暗自给自己定了一条规矩：除非特殊情况，每天早晚接送孩子。一是表明对高三这一年的重视，二是可以和孩子在放学上学的路上聊聊紧张的高三心情和感受，分享孩子成功的快乐和喜悦，分担孩子失误时的难过和悲伤。回想当年，自认为还是尽到了一个父亲的责任。

回到今天的正题。考前几天，家长该怎么办？有的家长开始要求孩子调整生物钟，晚上提前休息，目的是保证孩子高考期间有一个好的精神状态和充沛的精力。还有的家长平时关心不够，考前却设法在学校附近租房，给孩子变着花样做饭，看着孩子学习，生怕照顾不过来。我认为，越是接近高考，家长越不要在孩子面前显出过分关照的样子，而应该“多暗处细心关照，少明处跑前跑后”，按时按点、保质保量，精心做好一日三餐，保证孩子正常饮食就可以了。如果孩子住校，父母一定要在高考前几天和孩子见面或电话沟通一下，对一个还没有步入社会的孩子来说，毕竟高考是一次人生的重大考验，孩子需要家长的安慰、鼓励和信任的眼神。

据了解，多数家长在考前和孩子沟通时表现为两种极端方式：一是事无巨细，叮嘱没完；二是想问又不敢问，想说又不敢说，生怕哪句话说错，激怒了孩子，影响其备考情绪。其实这都是不正确的。考前家长和孩子交流的原则是“点到为止”，因为你想到的问题，可以说老师都讲过不止一遍了。在孩子的时间安排上，家长不要强行改变孩子的作息习惯。

温馨提醒：

第一，考试前一天，家长要提醒孩子准备好各项考试用品（最好在家长监督下让孩子自己准备），包括身份证、准考证、碳素笔、2B铅笔、橡皮、尺子、圆规、手表（不能有储存功能）等，并放在透明的塑料袋内。

第二，考试当天，家长要提前四五十分钟左右把孩子送到考点，不要太早，也不要太晚。孩子进考点前家长不要叮嘱太多，简单提醒几句即可，关键是让孩子在你信任的目光下步入考场。

第三，每科考试结束后，家长要提前在约定的地点等候孩子，见面后如果孩子不主动说考试的问题，家长不要急着问。但是如果孩子一直不说，那家长可“轻描淡写”地问一下该科目的难易程度等。无论孩子怎么回答，都告诉孩子“不要在意考过的科目”“要简单，都简单，你觉得难，别人也是同样的感觉”“认真准备下一科”等，其他的话少说为宜。如果孩子是住校生，倘若你和孩子没有提前约定考后见面，则绝对不要擅自过来看望孩子或给孩子打电话。

高考既是孩子的人生选择，也是对家长的一次考验。孩子在考试期间可以把内心感受尽情流露出来，但家长一定要表现出镇定自若、波澜不惊的样子，做到喜怒哀乐不形于色。

“平时的细心关照是动力，眼前的过分照顾是压力”。家长不要在考前人为制造紧张氛围。考试前，你的简短叮嘱可以让孩子避免失误，你的信任眼神有助于孩子成绩的发挥。

4. 我做了一个“飞天”梦

不知道是这两天我看了电视剧《问苍茫》的原因，还是昨天下午，我认真看了看高一年级这次月考语文的作文——《心中的太阳》素材的缘故，昨天清晨，我做了一个“飞天”的梦。

那是一个晴空万里、风和日丽、空气清新的周末，我和几个朋友在一个郊外的大广场上边走边聊，各自谈着自己的梦想，诉说着对美好未来的向往，大家伙是说说笑笑，打打闹闹，然后握手告别走开。

我没走多远，一个宇宙飞船在我前面草地上落下，我眼前一亮，毫不犹豫地飞奔过去登上飞船，向着浩瀚的宇宙飞去。

我隔着窗户看着一望无际的天空，谁知，正在飞奔之时，不知什么原因，飞船突然从天上掉了下来，好像自由落体般地向地面坠落，我突然意识到：“完了，没命了！”

我闭上了双眼，听凭老天爷的安排。

一会儿，我慢慢地睁开眼睛，用力张开了双臂。就在我无望之时，突然间，我身上穿着的大衣撑开了，就像降落伞一样，让我在空中又飘了起来。

我跨越春夏秋冬，漂洋过海，遨游在繁星闪闪的天空。可到底是要飞向何方，我也说不清。

飞着飞着，飞船又回到了地球的上空。我心情愉快地欣赏着辽阔的草原，领略着美丽的海洋，看着连绵起伏的山峦。我被地球上美丽的山川湖泊和城乡风景打动，不由得想起了在政治课上我给同学说的一句话：“我们不能‘吃祖宗饭，断子孙路’，我们要有绿色发展的理念，要给后人留下‘绿水青山’，我们既要懂得感恩，还要给后人留下美好记忆!”

就在欣赏美景之时，我突然轻轻地飘落在了一座正在建设的高铁桥墩上，远处几个建筑工人非常惊讶地看着我，然后跑了过来，问我：“你从哪里来的？有事吗？有事吗?”

我说：“没事儿，没事儿。我去飞天了，刚从天上下来。咱这地球上真美!”

于是，我要从高铁桥墩上往下蹦，两脚用力一蹬，我突然醒了。

随后，我躺在床上再也睡不着了。

我望着天花板，思绪万千，回想着几十年的一幕一幕，又胡思乱想着未来的生活，特别是还想起了中学写作文时给自己起的笔名——翱翔。

可是到底我“飞天”的梦想是什么？我怎么也想不起来了。

我认为，“一个人，心中必须有太阳”。我们可能没有“周公吐哺，天下归心”的胸怀和担当，更没有能力做“问苍茫大地，谁主沉浮”的丰功伟业，但我们一定要在做好本职工作后保持“安能摧眉折腰事权贵，使我不得开心颜”的自由洒脱和“久在樊笼里，复得返自然”的安静淡然!

于是，我起床洗漱，骑我的二八自行车来到学校，又开始了新的愉快工作和生活的一天!

5. 一次特殊的家校沟通

王宗泽同学是我校的毕业生，上个月他家长告诉我，今年孩子就要研究生毕业，在国考中以优异成绩被国家某部门招录为公务员。我为之高兴和自豪。可以说，如果没有当年那次特殊的家校沟通，很难说王宗泽同学会有这样好的结果。

话还得从七年前说起。

为提高教育教学工作的针对性，落实“分槽喂养”“因材施教”的备考思路，进入高三第二学期后，年级分别从文科和理科系列筛选出部分优秀学生组成了文理科高考尖子班，目的是为清华北大等名校精心培养、重点打造一批种子选手，而王宗泽同学就是其中一员。为确保学生能静心学习、专心备考，年级明确规定，凡推选出来重新组班的尖子生不准回原班上课、上自习。但是，有一天的夜自习时间，在我巡查到某班时，发现王宗泽返回原班了。我来到办公室拨通了班主任的电话，在核实了他所坐的位置后班主任说：“近一段时间，我也发现他和那名女生交往较多，我也侧面提醒过他，但效果不理想，对这么优秀的学生，我不知如何处理为好，你看怎么办?”

第二天上午我把情况向学校做了汇报，有领导建议一定要通知家长，对他严肃批评，并写出保证等。但我没有轻易采纳这些建议。

王宗泽是我同学的孩子，当年中考成绩非常突出，是我苦口婆心做孩子和家长工作才招来的学生，入学后他一直勤奋刻苦，礼貌懂事，我也给予了他必要的教育关心，成绩一直保持优异。尽管现在他有搞对象谈恋爱这样严重的违纪嫌疑，但在备考的关键期，肯定原因复杂，我认为还是慎重处理为好。

下午，我把班主任老师叫到办公室，详细了解王宗泽近期的表现。原来他和那个女孩以前是同桌，学习都不错，在探讨问题过程中彼此应该有了好感，但要说两人搞对象还不好定论。我相信王宗泽的品质不坏，还是应该最大限度地维护他的自尊心。于是我和班主任定出四点处理此事的原则：一、我暂时不直接找他谈话，而是由班主任深谈；二、一定让他知道是我在巡查晚自习时，发现了他违反年级规定回原班的事实；三、一定要把疑似搞对象的事严肃地告诉他，至于给“刘主任”说不说由他决定；四、和他家长沟通的事由我负责，但绝对不要让王宗泽知道。

晚上，班主任在办公室其他老师离开后把王宗泽单独叫了过去，本着严肃批评、关爱信任、态度端正的原则进行了深入交谈和沟通。他深刻反省了近一段时间的表现，对自己的违纪深感内疚，一再给班主任老师表示，“不要把这事告诉刘主任”“也不要让家长知道”“今后一定严格要求自己，全身心投入备考之中”。班主任答应了他的要求。

后来我背着王宗泽把家长（父母一块儿）叫了过来，就孩子近期的表现进行了交流沟通，我也给家长提出了要求：一、不准主动和孩子提搞对象的事；二、告诉孩子，刘大大平时很关心你，高三学习很紧张，家长也不知道该做什么，我们只有配合好学校，有事你可以主动找刘大大；三、要求家长抽时间多过来看看孩子，关心一下孩子的住宿生活、学习成绩和心理状况等情况。

在我的“导演”下，家长和班主任均圆满完成了王宗泽的教育转化工作，重新走上了备战高考的正确轨道，表现出了良好的学习状态和必胜的信心。

6 月 23 日河北省高考成绩公布，王宗泽同学以优异的成绩被北京大学录取。在领取了北京大学的录取通知书后，家长邀我们同学再次小聚，席间我才把这一学期的“地下工作”当着孩子的面公开出来，王宗泽张着嘴、瞪大了眼睛很是惊讶，随即低下了头，然后慢慢抬起来说：“谢谢刘大大！谢谢所有的老师！那时候我备考压力确实很大，只怕考不好对不起家长的辛勤付出，辜负了老师的殷切期望，在迷茫中正好她和我谈到了一起，越谈越近，幸亏有老师的及时发现和教育引导，才使我猛然警醒，没有迷失方向，现在想起来就像一场梦！”

案例分析：

1. 在寄宿制管理下，学生和家长的沟通时间有限，由于学生心智不成熟，自理能力不够，处理问题能力差，依赖性强，即便有老师的细心帮助，也代替不了家长的照顾，只有父母亲才会带来亲情的关心和呵护。因此，在新生入学和备考的关键时期，学生更需要老师的指导、家长的理解、朋友的倾诉，这时家校配合非常重要。

2. 不同学生的个性特点、家庭情况、纪律表现、学习成绩各不相同，在家校沟通方式上一定要慎重。尤其是班主任老师一定要具体问题具体分析，切忌千篇一律。给家长打个电话容易，但时机不对有可能使矛盾激化；叫家长过来方便，但高调过来还是悄悄进行需要慎重定夺。对一个懂事的孩子来说，一个不起眼的惩罚就可能伤了他的自尊；而对一个不自觉的孩子而言，简单的沟通可能无济于事。对一个处在青春期的、住校的学生来说，家长和老师的关爱不在声音高低、次数多少，而在把握节点、适可而止、恰到好处。

3. 当学生违纪时，学校谁该出面做教育转化工作，不是“官”越大效果越好。班主任、年级主任、教育主任和学校领导需要谁出面，是直接出面还是间接出面，这都要视学生的情况而定，无论涉及谁，该出面时就出面，该登场时再登场，否则难以达到预期的教育效果，甚至会适得其反。

在那年对王宗泽同学的教育转化过程中，鉴于我的“学校领导”和“大大”的身份，如果我轻易走到前台，可能会让他失去“面子”，而班主任的及时谈话、家长的默默工作不仅让他在青春的冲动中及时悬崖勒马、安心学习，更维护了他的自尊心，也没有造成过大的心理压力，这样才取得了预期的教育效果。

在学生的教育工作中，家校配合非常重要，但沟通配合不是想象的那么简单。

6. 孩子，努力了就不哭

期中考试是检测中小学生学习成效的重要依据，无论学生、家长还是老师都很在意，尤其是学生，满意者欣喜若狂、喜眉笑眼，失落者不乏心灰意冷、情绪低落。于是我想起了十年前的一件事。

那天第二节晚自习铃响学生安静后，我照例到校园巡察，当走到体育馆北侧篮球场地时，看到有个学生在小路北侧树林下面的石凳上坐着，我上前几步刚要喊她回去上自习，隐隐约约听见了哭泣声，我立即停下脚步，观察她的表现：她一会儿仰头观望，一会又趴在水泥桌上，动情时还一边哭一边双手拍打水泥桌子。等她稍微冷静下来后，我若无其事地走了过去。

“那位同学，你在那儿干啥？为啥上课铃响了还不进班上自习?”我故意声音稍大一点儿冲她喊。

她边揉着眼睛边站了起来，这时我也来到她的跟前。

“没事儿，我就坐一会儿。”她低着头说。

“不会没事吧！有事你可以给我说，你是几班的?”我心平气和地问。

她抬起头，看了看我：“刘主任好，我真的没事！”她强调道。

“不可能吧！我已经观察你十几分钟了，你坐下，给老师说一下为什么哭?”我笑着问她。

她又坐了下来，低着头不说话。

“是不是这次期中考试没有考好?”

她犹豫着点点头，挤出一个字：“嗯！”

“啊！没——考——好！这样吧！关于你这次没考好的原因我出个

选择题，给A、B、C三个选项，你看选哪个。如果我猜对了，咱坐下来谈一谈，行不行?”我问她。

“A选项是你平时没有怎么下功夫，所以这次没考好；B选项是这次偶然失误没考好；C选项是你给自己估计过高，觉得自己没考好。你说选哪个?”

她犹豫、思索了一会儿：“不是第一个原因。”

“那好，如果是第一个原因，那你就不用哭了，平时没有下功夫，考不好正常，如果没下功夫还能考好那就成精了。如果是第二个原因，那你不要太在意，进入高三复习阶段，就是要先对基础知识进行梳理和归纳，查漏补缺，形成知识网络，既然是偶然失误没考好，那就多练练该知识点方面的题，只有努力练熟了才能减少偶然的失误，这时抓紧时间复习是最好的补救措施。如果是第三个原因，那你就要给自己一个客观的合理的定位，从实际出发，不要主观拔高，既要知己，也要知彼；既要有梦想，又要尊重客观现实，否则你难以体会到成功后的喜悦。

“只要你努力了，功夫下到了，抓住了过程，不留遗憾，对得起老师，不愧对父母，你就是一个懂事的孩子。这样无论你考多少分，什么名次，我想父母都会理解你，老师都会肯定你。

“我认为孩子对父母最好的报答是尽心尽力做好你该做的事。面对这次不理想的成绩，与其在这里哭泣，还不如回教室多学习一会儿，珍惜每一分钟。你说是不是?”

这时，她抬起了头，看着我：“老师，我知道了。”

“赶紧回班上自习去吧，今后有事可以找我啊!”我再次提醒她。

跟着她一起来到安静明亮的教学楼，上楼时她不忘扭头说一声：“谢谢刘主任!”

我看着她坚定地走向楼上教室，继续书写她自己的成功。

高招结束后，听班主任说她考上了天津的一所全国重点大学，我很欣慰。

7. 老师还要懂“风水”?

当个老师不容易，因为在学生眼里，老师应该无所不知、无所不晓。

那是2010年10月的一个课外活动时间，一名学生轻轻敲开我办公室的门，当时高三年级还是在沁河北岸老邯郸师专位置。

我问他：“同学，有什么事？说吧。”他欲言又止。“那就坐下再说”，我招呼他坐到凳子上。

这时，他还是犹犹豫豫不好意思开口，片刻后，他鼓起勇气说：“刘主任，你是信仰唯物主义还是唯心主义?”我当即回答：“我是教政治的，又是共产党员，当然是信仰唯物主义了。”他说：“老师，我以前也是不相信唯心主义的，但是暑假期间我亲身经历了一件事以后，就改变了我的信仰。”

我让他把事情原委说了一下：暑假期间，他一亲戚去世，按农村风俗需要土葬，但是在参照家族坟地现有的坟头方位提前挖穴时，怎么也找不到原有墓穴，原来是因为坟头走了（农村的意思是说因为多年耕地等原因，造成地面上的坟头和底下的墓穴上下不对应的现象）。正在不知所措之时，经人指点，家人请来了当地有名的风水先生指点迷津。风水先生过来后比画一阵，然后拿出罗盘定了定位，东西南北各迈了几大步，最后让家人在指定位置来挖，果然找到了已有墓穴位置。

这件事以后，他一直想不通，为啥一个高中没上过的风水先生能有这么大的本事？显然有一种不知名的外在力量在帮助他。他非常纳闷：“我辛辛苦苦读高中、上大学还不如人家一个风水先生?”

他最后说："我问过别的老师，他们也给我解释不清，有个老师给我说，刘主任专治'疑难杂症'，你去问问他吧，所以我就来了。"

这才有了刚才的一幕。

听完这位学生的叙说后，我当时觉得有点可笑，但立刻把这个想法压了下去，因为老师、家长认为简单、稀罕、不足为奇的事，对那些还没有走出校门、没有充分了解社会的学生来说，在心里可能就是天大的事，如果不能解除他们的疑虑，不仅不能使他们静下心来学习，可能还会影响到他们的世界观、人生观。

我非常认真地给他说："你知道那些风水先生的本事是怎么学来的吗?"

"不知道"，他回答。

我接着说："你知道'西伯拘而演周易'的故事吗?"

"听说过，应该是'文王拘而演周易'吧?"

"都可以，周文王时称'西伯'，这个故事出自司马迁的《报任安书》"，我解释说。

"告诉你吧，周文王是风水先生的鼻祖，所有的风水知识都是在《周易》基础上演变出来的，所以才有《周易》是'群经之首，大道之源'之说。一个大师，一个版本，一脉相承，从古代到近代，从近代到现代，对某一个地方来说，阴阳风水的脉向都是不变的，现在的风水先生认为该怎么下葬吉利，那么几十年以前，甚至几百年以前也是基本一致的，你说是不是?"我说到这里，他点点头，好像明白了许多。

我接着说："有本事让他走出国门，到非洲、拉丁美洲看看风水，如果能看准的话，那才是真正的'神人'。"

这时，他恍然大悟："老师，我懂了，谢谢!"

他起身走出了办公室。但我陷入了沉思：家长、老师在培养孩子和教育教学过程中会遇到他们提出的各种各样的问题。随着社会科技信息技术的快速发展，知识的传播速度越来越快，学生获取知识的渠道也越来越多，信息越来越广，“一本书、一支笔”的教师已经成为历史。如果老师固守旧知识、老思路，可能越来越满足不了学生对知识的需求和渴望，也必然疏远了和年轻人的距离。面对新社会，老师必须不断更新观念，勇于接受挑战；面对新知识、新事物，作为老师，你可以不用，但不能不懂。比如在互联网时代，你可以远离网络游戏，但还是要懂几个网络语言；你可以不从淘宝网买东西，但不能不了解网购的过程；你可以不用微信、QQ 媒介，但不能摆脱它的影响。如果以前说一个人“参加工作时间越长，说明你经验越丰富”，那么现在可能就要改为“参加工作时间越长，说明你的知识越陈旧”。“活到老，学到老”正是时代对我们的要求，不然会被社会淘汰掉，尤其是老师。

老师，尤其是中小学老师，需要有扎实的学科专业知识，也需要有全面丰富的各类知识。也许你不是专家，但必须是杂家；你可以不是专才，但必须是通才。上要知天文，下要知地理，甚至还要了解阴阳，懂点风水，这就是学生对老师的要求。

当个老师真不容易！

8. 一句话的事儿

贾琪（化名）是 2000 年我教的学生，尽管我不是她的班主任，但她性格开朗、大方礼貌，课下遇见老师都是主动打招呼问好，而且学习成绩也不错，所以给我的印象比较深。

可是那几天我看她上课的状态不是很好，课下也不像平时那么爱说话，特别是期中考试成绩出来后，她的成绩下降了很多，我感觉不太正常，觉得这段时间肯定有什么事影响到了她的学习状态。

那天是我的晚自习辅导时间，借期中试卷评析，我把贾琪叫到了办公室。

她低着头不说话。

为了缓和气氛，我拿起卷子以轻松的语气问她："贾琪，这个大题不算多难吧，为啥你就写了几句话？我猜你上课肯定没有认真听讲，要不就是没有好好复习，你说是不是？"

她只是说，这次考试没有复习好，下次一定注意。

我一看就知道她没有给我说实话，我让她坐下，告诉她有啥事就给我说。

在我的一片真心感召下，她终于道出了问题的缘由。

她低着头，一边掰着手指头一边跟我说："我一直以为我班的王鹏（化名）喜欢我，结果前一段时间，有一天晚饭后我在操场遇见了他，在聊天过程中，我向他做了表白，可是他表现得很意外，当即停下脚步，一脸的茫然，然后拒绝了我。""我毫无面子，情绪很低落，感觉很丢人，扭头小跑含着泪到了教室。自此两个多星期了，我无心学习，而且还有两个晚自习私自请假离校，和原来初中的同学到游戏厅玩游戏。"（贾琪是走读生，那些年，社会上开设游戏厅正在盛行。）

据我平时的观察了解，学生王鹏很聪明，学习也不错，家里条件比较好，出手也很大方，经常爱买个甜果冻等零食和同学分着吃，人缘非常好，课下经常和几个同学（其中有贾琪）说说笑笑。

也许是"说者无心，听者有意"，贾琪自认为王鹏对她更好，于是内心突然有了青春的萌动，可是当她表白了以后，被王鹏拒绝了，于是出现了贾琪说的结果。

贾琪还说，从那一天起，她心理受到了打击，感觉低人一等，再没有和王鹏说过一句话。

我问她："你现在觉得王鹏这个人怎么样？"

她抬起头，看着窗外："我原来觉得这个人不错、很大方，可现在我想通了，不就是家里条件好、有几个钱，在同学面前爱显摆一下自己，跟公子哥儿一样吗，有啥了不起的！别说他当时不喜欢我，即便现在他喜欢我，我也不会愿意的。”然后又低下了头：“可是……这件事儿，我心里面总是放不下！”

然后我说服贾琪心情平静下来，跟她讲了中学生应该怎么样处理好同学的关系，尤其是如何处理和异性同学之间的关系，并结合我上学的所见所闻，给她讲了在和同学交往交流时要平等相处、自尊自爱。尤其是作为一个正在求知奋进的学生，不是要做自己想做的事，而是要做自己该做的事，做一个懂事的孩子。

我给贾琪说：“如果你现在和他一句话不说，那是闷气；如果说一句话，那是解气；如果再把自己的想法儿说出来，告诉对方，那就是志气。”我的建议是：“你最好找机会跟他说一句话。”

她说：“我不好意思和他说话。”

最后在我的耐心劝导下，贾琪同意了我的建议。

几天以后，贾琪过来告诉我：谈话后的第二天上晚自习前，她故意在教学楼前的拐弯处等着王鹏，当王鹏过来时，她喊住他：“你看我干啥?”“今后你学你的，我学我的，别再找我说话，我不想理你!”

贾琪给我说，从那次和王鹏说了话以后她如释重负，心里轻松多了。

我告诉贾琪：“今后你们两个人就是一般的同学关系，少说为佳，要塌下心来专心学习。”我还开着玩笑送给她一句话：“天涯何处无芳草，何必急着把恋爱搞。”

第二年，贾琪考到了北京的一所大学。

尽管贾琪毕业到现在二十多年了，我和她再没有联系，但我永远忘不了这件事。身为老师，就要对学生负责，就要有教育情怀。当学生遇到问题时，老师应该主动加以教育引导，助他一臂之力，解除他前行路上的不解和疑惑。

我认为，只要我们老师用心观察，学生在学习上、思想上、心理上有任何问题，都逃不过我们敏锐的眼光。同时，当学生有心理等问题时，解决起来也不是多么的复杂，也可能就是“一句话的事儿。”

9. 我欠他一声“对不起”

张军（化名）是我教的第二届学生，高中毕业近30年，他每次回邯郸只要有机会都会给我打个电话，问候几句，如果时间允许还要见上一面，可以说是和我来往较多、关系密切的学生之一。可每次见面后我心里总觉得有点别扭。

事情还得从1992年春天的一次周末返校说起。

根据规定，如果住校生周末回家，则周日晚上必须返校上晚自习，结果张军那天没有按时回来。我左等右等，直到第二节晚自习铃响了他也没有进班，问同学也不知道原因。尽管我知道他家是县里的，不在市里住，但当年通信还不发达，家里没有电话，无法和他家长取得联系。

“是不是上学路上出什么事了?”我不敢多想，干着急也没办法，那天晚上我也没有睡好觉。第二天我早早来到学校，当看见张军坐在教室时，我悬着的心才放了下来。

我满以为他会主动给我解释一下原因，谁知我在教室转了两圈他也没有站起来。我想：“既然来了就没有什么事，他不主动说，我也不用急着问他。”

大课间升旗后，我又走到了班级队伍的前面，故意让张军看见我，想让他主动给我解释一下迟到的原因，他瞅了我一眼，但队伍解散后他依然径直准备走回教室，丝毫没有要留下的意思，我强忍着气说：“张军，你过来一下。”

“咋了?”他表现出纳闷的样子。

“你几点返校的?”

“昨天快下晚自习的时候，是我爸送我过来的。”

“你知道应该几点返校吗?”我问道。

“知道，应该上晚自习前进班。但我昨天感冒了，所以来晚了……”

听到他不仅没有意识到自己的错误，而且还想辩解，年轻的我再也憋不住了内心的火儿，脾气突然就来了，立刻打断了他的话：“别给我说了!”然后狠狠地吵了他几句，并说了一句有辱他人格的话。他眼含泪花，抬头看着我，露出很委屈的表情，还想做进一步解释，我打住了他：“行了，今后有事提前说，上课去吧!”他抹着眼泪离我远去。

尽管后来我没有对张军同学有丝毫另眼相看，有时还更增加了几分理解和关照，同时也没有看出来他对我有什么意见，但自从那次短暂的几句谈话后我内心的“结”就结下了，而且时间越久记忆越深：“他病了，我应该先关切地问候一下，因为学生来到学校，班主任老师就是最亲近的人，结果我没做到。我问他为啥来晚时，应该给他一个解释的机会，结果我没做到。他病了，还坚持来到学校，我不仅没有肯定他、表扬他，还说了有辱他人格的话，作为老师，我的言传身教哪去了?”我越想越不对劲。

前两年，班里同学们过年聚会，席间我鼓起勇气问起张军当年那次谈话的事，希望把话说开，让我的心情舒缓一下，结果他说：“没印象，不记得了。”我想，也许他是真的忘了，也许是不愿意和我提及那件事，毕竟我是班主任老师，怕我难堪。但不管时间多久，我对这件事是挥之不去，放心不下，仿佛就发生在昨天。

应该说在20世纪90年代，社会上传统的师道尊严观念还是比较重的，一般情况下，学生在老师面前比较发怵，老师说什么学生不会顶嘴，别说吵学生，如果学生犯了错、违了纪，就是老师打他两下，家长也能理解，甚至感谢。

但我在工作中渐渐认识到，真正的师道尊严应该建立在“师道”前提下。要求学生做到的，老师首先要以身作则，率先垂范；要想教好学生，老师要学术专攻、知识丰富。老师的尊严，不是靠你的“威”，不是靠你班主任的“权”，而是你的爱心和责任。这样的“尊严”，学生才会敬佩和难忘。

教书育人是老师的天职，但“传道、授业、解惑”不是简单地从书本上就能学会的，理论与实践的结合需要过程，可以说任何成长都需要一个过程，没有在一线工作几年的磨炼和打拼是难以在教育教学中做到驾轻就熟的。

现在，越来越觉得那时候我的教育不成熟，可以说在教育学生方面是初心正确，方法欠妥；严格有余、灵活不够；对学生要求较多，从学生角度考虑较少。事后常常感到工作方法有不尽如人意的地方。

和张军同学的那次简单的谈话，成了我近 30 年的痛。有时想一想，与其说那次是我批评了他，倒不如说是那次谈话启发了我。

在这里要给我的老学生张军说一声：“对不起!”同时说一声：“谢谢你!”

10. 玩黑白道的家长

赵晴（化名）是我班的艺术特长生，她专业突出，非常聪明，敢说敢管，唯一不足的就是学习上有点浮躁，文化成绩较差。

为了调动她文化课学习的积极性，挖掘她的成绩潜力，根据她的个性特点和工作能力，我特意安排她担任了班干部，在任职之前，我还专门找她谈了话，给她提出了要求。在后来的一段时间里，赵晴表现得确实不错，文化成绩有了很大的提高。

当时学校还没有实行封闭式管理，住校走读都行，赵晴在学校练专业，家长有时安排她在下午放学后去校外找老师做针对性专业辅导。

有一次在我和学生的聊天过程中，有个学生提到曾经在校门口看见赵晴和外校一个男生有单独来往，而且说话间还有避讳我的意思。说者无心，听者有意，我觉得这不是小问题。对中学生来说，男女生交往本就应该谨慎，更何况还是和外校学生，这样下去肯定不利于她的学习。于是我找了一个别的理由找赵晴单独了解情况，她说那是和她在外边一块儿学专业的同学，有时过来和她一块儿走。我提醒她今后不准再和他在外面单独来往。

为慎重起见，我把这件事给赵晴家长说了一下，希望家长盯紧孩子在校外专业学习的表现，如果再有这种违纪情况，那就按校规校纪严肃处理，家长也表示配合。

可是一天下午，我正好看见赵晴和一个男生在校门口说说笑笑，然后骑着自行车一块儿往东走了，一看就知道他们是提前约好的。

我马上给家长打电话，把孩子的情况说了一下，希望家长来学校一趟，家长说："单位有事，明天过去吧！"

这个班是我中间接的班主任，据原来的班主任反映，赵晴的爸爸是一个单位的领导，不太容易沟通。当然，我也没有太当回事儿，毕竟都是为了孩子，我相信家长会配合的。

第二天赵晴爸爸到我办公室以后，刚开始说话还比较客气，当我把赵晴的表现给家长说了以后，家长并不认为这是多大的事，但是我还是坚持家长把孩子带回去，详细了解一下孩子在校外学专业的表现，然后给她进一步提出学习要求。我给家长说："毕竟这是校外发生的事，我前面已经给孩子谈过了，希望家长配合一下。"

出乎我的意料，这时家长吞吞吐吐给我说了一句话："我过来的时候她叔叔非要来，我不让他来，我自己来了。"

我一听说他让赵晴叔叔来，我就打断了他的话：“为啥他叔叔要来呀?”

她爸爸稍做犹豫：“哎呀，她叔叔一直看着她长大，对她也很上心，但是她叔在外边儿什么人都接触，一弄就是黑道白道的，我不愿意让他来。”

我一听他说这话，很是惊讶，立刻打住了他：“不要说了，你不要给我玩黑道白道，今天我们话就说到这儿，你愿意带孩子回去就带孩子回去，不愿带孩子回去也无所谓。”

家长一看我非常严肃认真的样子，想进一步解释，我又打住了他：“我说得很清楚，今天我们的谈话到此结束，有话随后再说。你要在这儿我就出去，我要在这儿你就离开。”说着我起身要走出办公室，家长觉得不好意思了，说：“那我带孩子回去。”

课间，我平静地把赵晴从教室叫出来，家长带她回去了。

第二天上午赵晴爸爸给我打来电话，希望进一步沟通，我没有跟家长计较，爽快地约好下午过来。

家长过来后有点不自在，当然我是正常地礼貌对待，互相客气几句以后，我让家长坐下，然后敞开心扉，真诚地和家长交流了赵晴在文化课和专业课学习上的表现，并再次给家长说：“为了孩子，希望咱们多多配合。”

最后家长充分认识到了孩子在校外和那名学生交往问题的严重性，并深刻反思了家长在孩子教育方面的缺陷，表示今后一定要配合学校做好孩子的教育工作，离开时一再说：“对不起！对不起!”

赵晴回来后，我又和她进行了深入的谈话。

在这次和家长的交流后，家长非常配合我的工作，可以说还成了一位优秀的家长，同时赵晴的表现也很好，第二年她以优异的专业和文化成绩考上了南京市的一所大学。

通过这件事儿，我想提醒一下老师应该如何和家长沟通，做好孩子的教育工作：

第一，老师不要和家长计较那么多。我们知道，教育是一个特殊的行业，隔行如隔山，做好学生教育工作需要有专门的知识。既要懂专业，又要懂心理；既要教育学生，还需要指导家长，以取得家长的理解、支持和配合，所以老师不要和家长提更高要求。

第二，老师要尊重家长，但不能轻易地顺从家长，更不能迫于外部压力而失去尊严。因为老师做的是良心活儿，从事的是“太阳底下最光辉的事业”，如果说家长给了孩子生命，那么老师很大程度上就要给孩子美好的未来。因此无论家长是否理解、是否配合，不管外界环境怎样，都要尽心尽力、尽职尽责，不做“佛系”老师，不能失去职业道德的底线，必须在“教书育人”的工作岗位上做到问心无愧、不留遗憾！

11. 糊涂的爱

“你是刘主任吧？”

“对，你是……？”

“哦，我是今年毕业生肖××的家长，开家长会时认识你的，孩子回家后不断提到你，说你专门找她谈过话，你很和善。谢谢你对孩子的关心和教育，让她上了一个好大学！”

这是那天周末我在龙湖公园散步时，和一位家长巧遇时的对话情景。

一

肖××同学是理科实验班的学生，高二会考前我教她政治课，对她的情况有所了解。她是单亲家庭，父母早就离异，一直和妈妈生活在一起，在我的印象里她学习很踏实，也不怎么和同学说话，成绩一直很优秀。会考结束后我就没再问过她的情况。

这次是在月考成绩分析会上，我才又知道了肖××的最新情况的。

进入高三后她成绩下降很大，高二期末时考试成绩在年级还排在200来名，这次月考降到了700多名。老师说她近期也没有什么明显的异常情况，一般也就是和某个男同学谈论一下问题，但不像是搞对象，大家对她的成绩下降觉得难以理解。

晚上我越想越觉得不对劲，总感觉肖××的情况不是老师说的那么简单。于是第二天一到校我就找班主任老师商量，找个什么机会我亲自和她谈一谈。

全员导师制是我校一直坚持的一项学生教育制度，要求所有任课教师既要教书，又要育人，即在月考等重要节点时，根据学生学科成绩和性格特点等因素，把所有学生分包到每个任课老师，同学生谈心交流、总结经验、发现问题、加以引导、追踪变化。鉴于我现在已经不再教她的课，我和班主任商量改变一下工作思路：这个周末我主动到她班听一次班会，班会上班主任提议再把我也加入班级全员导师教师名单。于是班会后顺理成章，肖××分到了我的名下。

二

第一次找她谈话，尽管她有点紧张，但还是比较顺利，毕竟我曾教过她。可是当说到成绩下降的原因时，她只是轻描淡写地说进入高三后“压力大”“还不适应”“担心考不好对不住家长”什么的，表示今后一定调整好心态，迎头赶上，别的不再多说什么。我隐隐约约感觉她在避重就轻，并没有说出实情。鉴于是初次谈话，我只是加以引导提醒，并没有深究，但是我一再提醒她今后有事随时找我。

随后的一段时间，我悄悄地在教室外观察她的上课和自习表现，确实也没有看见她和同学说话，课间基本是独来独往，尤其是也没看见她和那个男生商量问题。但对她的表现我不觉得是心无杂念、潜心学习，反而觉得她是心事重重、负担很重。

果然，接下来的月考结束后，我通过老师了解到了她的成绩，尽管有点进步，但还是不理想。

那天上晚自习前，我故意在教学楼梯口等着她过来。

“肖××，这次月考成绩咋样，你也不给我说一声？”我首先和她打招呼。

她低着头走过来：“没考好，不好意思找你。”

我把她叫到办公室，坐了下来。我开门见山：“××，我早就猜你这次不可能考好，因为你上次没有把问题和我说透，一定给我隐瞒着什么，你说我猜得对不对？”

她低着头没说话。

我接着说：“我希望你能信任我，今天就咱两个在这儿，实话实说，我帮你分析分析，咱们一块儿商量今后怎么办？”

她鼓起勇气给我讲了她的故事。

三

“我和王×是初中同学，可以说从初中开始我们就既是互相学习的目标又是竞争的对手，中考后我们一起考入一中实验班。他的家庭条件好，也很大方，经常买些东西和同学分享，所以人缘很好，周围有好几个不错的朋友，包括女生。他学习成绩也很好，大家课下也都愿意找他商量问题，而且在我的心中总觉得他对我尤其照顾。

“本学期初的一天下午的课间，我主动给他递了一个纸条，约他晚饭后到篮球场单独聊聊，他似乎对我递出的纸条有点惊讶，但还是答应了，结果到了球场上还没有走几步，也没有说几句话，他就问了我两次‘有啥事吗？’”

肖××停了停。

我问：“那你到底想给他说啥事？”

她又犹豫了一下说：“我想和王×处对象。”

“啊！王×同意了吗?”我问。

她接着说：“当我告诉他，我想和他处对象时，他立刻停下脚步，盯着我问：‘你怎么能想出这个问题?’我说‘我觉得你一直对我挺好，现在我也觉得你不错，所以喜欢你’时，他说：‘我没有啊！我对谁都是一样的!’

“当时我猛然间头都大了，宛若五雷轰顶，不仅是失望，更有一种被羞辱和鄙视的感觉，我二话没说扭头就回到了教室。

“从那时到现在，我再没有给他说过一句话，我的心像被针扎了一样疼痛，凉到了极点，难以平静，从曾经对他的喜欢变成了反感和气愤，由好同学变成了陌生人，当然我更是难以安心学习了。”

她越说越生气：“我到现在也想不通，他为啥那样对我，至今还走不出那短短几句话的阴影和伤害。”

她又停了停说：“老师，这件事我从没有给任何人说过，我不想说，也不敢说，更不知道给谁说!”

说到这儿，她捂着脸抽泣起来：“我对不起妈妈的辛苦培养，对不起老师的教育……”

我赶紧拿出餐巾纸递给她。

等她稍微平静点后，我问：“人家王×又不是只跟你交往，你怎么感觉他就对你好呢?”

她没吭声。

我接着说：“有句话叫‘说者无心，听者有意’，还有一个歇后语是‘满野地烤火——一边热’。就凭这么长时间他没主动和你说句话，更别说安慰你了，就说明你是一厢情愿，说明人家王×同学根本没有把这件事放在心上，没有想过搞对象的事，人家有自己的追求。我希望你能早点从他给你的心灵刺激中走出来。”

我问：“你现在觉得王×这个人怎么样?”

她想了想说：“我觉得他这个人有点自私，不懂得尊重人，现在想想他平时的言行确实多半是以他为中心的。我知道他是什么人了，我不会喜欢他的。”

“但作为一般同学还可以吧？只是同学关系啊！”我强调说。

她点点头。

我接着提醒道：“那好，作为一个学生就应该好好学习，不要心生杂念，别做那些傻事。我给你一个走出阴影的办法。”

“啥办法？”

“这两天你找机会和他走个对面，主动和他打个招呼，随便说几句话就行。”

“我不跟他说话！”肖××很坚决。

“不，你一定说，听我的……”我强调到。

四

周末，肖××专门过来告诉我，说在我和她谈话的第二天大课间，她鼓起勇气在教室门口和王×打了声招呼，问了问王×近期的学习情况。她说事后真的是如释重负，好像积压多时的石头落了地一样，心中亮堂了很多。

后来，据我了解和班主任反映，肖××和王×很少研究问题，说话也不多。但她的学习状态逐渐正常，全身心投入到了高三的备考之中，渐渐找回了自信。

第二年高考，肖××同学以优异成绩考入武汉大学。当她拿到录取通知书找班主任汇报情况时，我正好在班主任老师办公室碰上她。

她说：“这张通知书离不开老师你的关心和开导。”我开玩笑说：“有我一半功劳啊！”

“老师，全是你的功劳，你再去上一回大学吧！”

当我看见她和我开着玩笑说这话时，我心里别提多高兴了，我知道她找回了自我，找到了乐观，找回了自信。

当学生迷茫时，我帮她拨云见日，当她迷失方向时，我帮她找到了前行的路！

因为我是她的老师，是她前行路上的指路明灯！

12. 慎重处理男女生交往问题

事情经过：

某一天晚自习第二节刚上课一会儿，值班老师告诉我："一个男生和一个女生在操场边说话，离得很近，不知道是不是搞对象。我把他们带到值班室了，你看如何处理？"

我一听是男生和女生相处问题，便慎重而严肃地走了过去。出乎我预料的是，这名女生在我平时印象中是非常懂事的学生，她怎么能出这种事呢？从我的处理经验看，这事宜悄悄处理而不宜声张，便强压内心的火，一声没吭，把她带到了我办公室。

起初，她并没意识到问题的严重性："反正我们什么也没做，就是想谈谈心，怕被别人发现就躲到操场一角，不想反被别人误会。"她说话很坦然。

经过近一个小时的交谈和批评，她承认和那名男生有好感，但还不是搞对象，不过这次真的是因为考得不好而懊恼。她对今天的举动非常后悔，她泪流满面地说："如果你这次处分了我，我就没法做人了，请给我一次机会吧，我一定会珍惜，绝不会再犯这么愚蠢的错误。"

我犹豫半天，还是答应了她的要求：①此事不告诉家长；②明天继续上课，把两人的认识和检查交过来；③尽量不扩大知晓面；④争取不做进一步处理。

案例分析：

1.《学生违纪处理办法》规定：学生不准谈恋爱，否则给予留校察看以上处分。但是，处理此类问题绝不像其他违纪事件那么简单，是否谈恋爱，标准是啥？如何界定？这都很难说。所以我给老师和学生讲话时，提的男女生搞对象标准就是：两人承认或举止让别人产生怀疑或引起“误解”。从他们两人今天的表现情况看完全可以认定他们是在搞对象，正如她自己说的：“这种事情一百个人知道就会有一百个误会。”但这么简单地对女生做出违纪处理，她今后怎么办？别人怎么说？越想我越犹豫。

2. 她告诉我，前几天的考试，她成绩很不理想，心理压力很大，下第一节晚自习，正好在操场碰上本班男生某某，两人便说起了考试成绩，不知不觉上课铃响了，但还没谈完，为了不被老师发现，便到操场边接着谈，于是发生了刚才的事。尽管这种说法，在常人说来以为是借口，但凭我的直觉和她本人的表现，我宁愿相信这是真的。

3. 对学生违纪处分是一种教育方式，是教育的手段，绝不是目的。如果处分未达到预期的效果甚至带来更严重的后果，则失去了对学生处分的意义，更别谈教育了。在谈话过程中，我和她谈起我的学习、生活经历及家庭情况等，她一直哭个不停，她认识到她的做法对不起家长、老师、学校领导，无法面对同学们。她一再恳请我，给她一次机会：“我会用行动证明：我绝不是一个坏孩子。”她不敢写检查，怕我拿到她的把柄，她哭成了泪人，坐在了沙发上，我还能怎么处理！

我认为处理这类事情既要讲原则，也应多点人情味、灵活性，特别是对女孩子，否则起不到教育的目的。

一年过去了，这两名学生的检查还放在我办公桌里，而那名女生信守承诺，严格要求自己，每次见我都很礼貌。据班主任老师反映，她的文化成绩也有了很大进步。

13. 无声的反叛

赵雯华（化名）先前是我任教的学生，后来我担任了她的班主任。

一

赵雯华最初给我的印象不是很深，我第一次知道她，是有一天班主任张老师很着急地来到我办公室说："我班赵雯华找不到了！教室没有，宿舍也没有，同学到操场找了一圈儿，也没有找到，怎么办？"

我说："别着急。"然后问道："她出校门儿没有？""不知道。""家长知道不知道？""不知道，我还没来得及告诉家长。"

我提醒说："你先把情况给家长说一下，然后咱们去门岗调取监控，看她是不是走出了学校。"说着我就站了起来，并叫上年级主任一起去校门口看监控。

在往校门口走的路上，张老师给家长打电话，说了一下孩子的情况。家长说，孩子没有回家，而且家长也不是非常着急，还诚恳地说："这孩子真不让人省心！"

在认真调取监控后，也没有发现赵雯华走出学校。

"这可怪了！"我有点纳闷。不过，随后在张老师把赵雯华平时的表现说了后，我的心倒是平静了下来，猜测她不会有什么大事儿。

半个来小时后，同学终于在校内一个二楼的楼梯角找到了她，她独自坐在台阶儿上，翻看着闲书。

事后，班主任张老师说："在家长过来后，对孩子是一顿臭骂，甚至还要动手打孩子，被我制止了。""孩子也只是给家长说，'我错了，别怪老师，都是我的错，行了吧！'"

二

不久，高考选科分了班，我就成了赵雯华的班主任。

她给我的印象也渐渐加深，不爱说话，喜欢独来独往；学习上是满不在乎，不思进取，成绩较差；尽管她偶尔也会露出一点儿笑脸，但并不自然。我也曾在课后提醒过她，要好好学习，有啥不懂的就问。但没啥效果。

我从原来班主任老师那里还了解到，赵雯华在他班的时候，隔三岔五地有违纪现象，轻则上课睡觉、进班迟到、不交作业，重则私自离校、带手机到校，等等。违纪后她检查写过，也把家长叫来过，家长过来后也就是吵她一顿，她也不辩解什么的，然后她认个错儿或停停课完事。

刚开始我感觉赵雯华有点不太懂事儿，甚至我还有点儿着急生气，但后来，我渐渐地感觉她好像有点儿我行我素故意违纪似的，觉得她似乎有点儿无辜，甚至想起来她的一些表现让我略感同情和可怜。直到那天，我和她做了一次深入的谈话，才知道她无声反叛的背后是怨恨、无奈和孤独失落的心灵。

三

当知道赵雯华以前的表现后，我就很留意她的一言一行，甚至她的一个眼神儿和穿的一件儿衣服。

赵雯华平时和同学们交流不多，不是老师和同学主动跟她说话，她一般是不会主动开口的。听同学说，她身上的服装、穿的鞋不便宜，爱买名牌。我和雯华家长联系后知道，她的家庭条件不错，所以孩子提出买什么东西，家长也基本满足，很少拒绝。在学习和将来的人生规划上，她也没有什么高的学习和奋斗目标，无论考试成绩好坏都不怎么在乎，回家后也没有什么不好意思或羞愧。

凭我的观察判断，我越来越觉得赵雯华有无尽的话语需要诉说。

一天晚自习时间，我主动把她叫了过来。她有点意外，一进我办公室就惊讶地说："老师，你叫我有事吗？我没有犯错呀！"

"你坐下，咱聊会儿天。"

"老师，我站着吧！"

"你又没有犯啥错，站着干啥？坐下来说吧！"她低着头儿，没说话。

"今天我叫你过来，咱俩就是谈谈话。"于是她慢慢地坐了下来。

"雯华，从上次在教室门口儿，我问了你几句话到现在，有两个多星期了，实际上我一直在关注着你，好听一点的话，是关心着你。"我微笑地给她说。

她略微有点意外，抬起了头看着我说："谢谢老师的关心！"

我接着说："通过我平时的观察，我觉得你有些话没说出来，你说是不是？"

"老师，我没有给你撒谎呀！"

"不是说你撒谎，而是说，你有些话想说但没有机会说出来。"

"我没有啊！"她仍然不愿意说。

"不可能吧！雯华，你说吧，我会给你保密的，也会帮助你，请你相信我，好吗！"我用关爱的眼神看着她。

"你是不是对家长的做法有些看法？"我直截了当地问她。

她犹豫了一会儿，终于开了口。

四

赵雯华现在的父母是离异后重组的家庭。

雯华的生父是做生意的，走南闯北，四海为家，赚了不少钱。在她上初一那一年，生父另有了新欢，一气之下，母亲和父亲离了婚。根据父亲的要求和协商的结果，她判给了父亲这一方。但是，在经过了半年多跟着父亲和爷爷奶奶的生活以后，他发现父亲不仅是财大气粗，还经常接触社会上一些缺乏正能量、愤世嫉俗、有不良习惯的生意人，并且经常出差不回家。她很不习惯这样的氛围，于是又投奔到了母亲身边。

这时，她才知道母亲也已经重组了家庭，而且男方还带着一个正上学的小男孩儿。尽管她感觉有点儿不习惯，但还是接受了这个新的家庭。

她说，过来后，最初的一段时间，家庭的气氛还不错，爸爸回到家后尽管不过问什么事，但也会说句话，母亲对她是比较照顾，她和弟弟也能正常相处。

但是时间长了，两个孩子毕竟都是独生女、独生子，又不是亲姐弟，难免有排斥、独占的心理，有时还会发生争执，问题就是从这时开始的。

在雯华的内心深处认为，我是亲的，弟弟是后的，发生争执时，妈妈应该偏向她，起码应该平等对待吧。但是，每次妈妈都是先吵她一顿，说她是大的，应该让着弟弟，很少有说弟弟的错。特别是有一次，还听到爸爸在屋里和妈妈说："这孩子真不懂事儿，都是你惯的。"妈妈也没吭声。

这让她更确信了她在家不受待见的事实。

这家里的氛围弄得赵雯华不知道该向谁诉说，她也没法儿，正好又是青春叛逆期，于是在家里不再给妈妈说那么多话，也不愿意跟弟弟在一块儿玩耍，几乎是不和爸爸说话；经常是以无声的反叛和顶嘴来表达自己对家庭的不满。

中考后，她和初中几个爱玩的同学好好放松了一个暑假，反正家里经济条件也不错，有钱不花白不花。在这种心理的支持下，她在上高中前让家长给她买了一个苹果手机，渐渐地又喜欢上了名牌服装，元旦假期，她又背着家长用自己平时攒下的钱买了一款800多块钱的羽绒服。

平时她除了和原先两三个初中同学来往之外，基本没有能说到一起、玩到一块儿的高中同学。于是，她尽管来到学校，也是无心学习，浑浑度日、不思进取、躺平放任成了她的生活方式。

我问她："你能不能和父母说一下你的想法，深谈一下?"

她说："不想谈。"随后又补充说："他们根本就不听我说。"

"那我先跟你家长沟通一下行不行?"我试探着问。

"不用。"她又说："你说也没用。"

从她的口气我听出来，她不是一点儿也不想和家长说，而是认为家长就听不进去她说。

最后，我给雯华说："我大概知道你的情况了，我很理解你。这样吧，我还是先和你家长沟通沟通，了解一下你爸妈的情况，再看下一步怎么办，你说行吗?"她犹豫了一下没有反对。

五

第二天，我给她妈妈打电话，在简单说了一下赵雯华的情况后，我说："孩子渐渐长大了，你们家长应该能听进去孩子说话，能给孩子好好谈谈心。"

妈妈就说："她根本就听不进我们说，以前还好，现在特别叛逆顶嘴，除了要钱之外，其他的事基本不给我们说。"

在家长看来，好像所有的责任又都是因为孩子不听话、不懂事儿。

我知道，这不是几句话能说清的事，于是我约家长把工作放一放，要求父母两人一起抽时间来学校当面儿聊一聊。

结果，三天以后家长才赶了过来，而且见到我后妈妈很客气地第一句话就是："刘校长，这孩子太不懂事儿了，不仅麻烦我们家长，还让你领导不省心，给你添麻烦了。"

爸爸也补充道："是，是，给你找麻烦了。"

我只是简单应和了一下。在我正式说话以前，父母互相说了有三四分钟。

"好，你们说的不少了，听我说几句吧!"这时，我才开始说。

通过我和家长近一个小时的耐心细致沟通，家长才意识到了自己在孩子教育和问题处理方式上的不妥之处。最后，我给父母提出了我的建议和下一步和孩子沟通的方式，家长欣然接受。

第二天我又把赵雯华叫过来，告诉她应该怎样看待和处理家里的一些问题，她的态度和认识有了很大改善。

六

那个周末是大休，赵雯华的父母一起来到学校，我远远看见父母微笑着，主动上前拍着雯华的肩说话，非常温馨，还帮她拿着东西，接她回家。

赵雯华周日下午返校后，她妈妈主动给我打来电话说，他们和孩子在家尽管谈得很是艰难，但彼此还是很诚恳，都耐心听取了对方的心声，也都说了自己的问题所在和努力的方向，并告诉我说："我们家长今后会先行示范，不再一味地责怪孩子了。"

据任课老师说，最近这段时间，赵雯华的学习状态不错，平时自觉性也强了，见到我也会露出点甜美的微笑，我也会主动和她聊两句，鼓励她一下。

我们说，孩子优秀，家长是功不可没的；同时，孩子不懂事、不努力，家长有不可推卸的责任。孩子任何一个不良的习惯，都不是一两天养成的。对处于一个青春期、叛逆期的孩子来说，尊重他的想法非常重要，大人能听进去他说的话是交流沟通的前提。也许我们能平等、真心、耐心地沟通，才是让孩子心智健全、礼貌懂事、好好学习和进步提高的开始。

我相信，赵雯华人生成长路上的冬天已经过去，春天已经悄悄地来临！

14. 那年，我去“褡裢”

褡裢是个镇，在邢台和邯郸之间，也是京广铁路上的一个站点。

上大学四年，每次乘火车经过褡裢站时都有点纳闷，为啥叫“褡裢”，啥意思？后来还专门查了一下资料。褡裢是古时候商人搭在肩上的装钱装物的口袋。很久以前，褡裢这个地方是一个集市，曾经有生意人为了躲避战火从外地来到这里聚集经商，当地人为了表达对商人们的尊敬，就把生意人待的这个地方叫“褡裢”了。

随着大学毕业、参加工作，褡裢被我渐渐淡忘，不料，1991 年的高考招生却让我和褡裢镇又一次联系起来，且印象深刻，至今不忘。

1991 届是我任教的首届毕业生，因为是高二年级半路接的班主任工作，又是我参加工作第一年，不懂什么管理方法，更谈不上工作经验，尽管信心满满，但依然诚惶诚恐、如履薄冰，生怕耽误了我的学生的前程和未来，唯有用工作的干劲、热情和对学生的真情来弥补经验的不足。

终于等到了高考结束，满以为可以喘口气，放松一下，谁知临近高校录取英语口试时间，已报名口试的学生杜紫薇（化名）怎么也联系不上，眼看后天就要面试，万一她忘记面试，影响了升学怎么办？

无奈之下，我突然想到了学生的“初中档案”，翻开一看，杜紫薇，住址：邢台市沙河褡裢镇。于是“褡裢”又在我脑海里浮现。

邢台，几十公里开外，怎么办？犹豫一下，我还是拿定主意去一趟印象中的褡裢，亲自找到杜紫薇家，叮嘱她英语口试的事——不能让任何一个孩子耽误上大学的机会。

那年还没有建京珠高速，第二天，我从火车站南侧的长途汽车站乘坐到石家庄的长途汽车。一路上，我脑子里一直回忆着大学时期褡裢给我的印象：褡裢飞机场、国家大型企业“二十冶”……。转眼又想，人生地不熟，下车后去哪儿找紫薇的家呢？

车到褡裢汽车站已临近中午，一出站我就急忙通过熙熙攘攘的人流来到一个还算正规的小卖部，拿出我写着地址的小本子向店主打听去路，店主很热心，但也是只说出了她家大致的方位。

七月的暑天，闷热难耐，口干舌燥，但是一路上也没舍得买瓶矿泉水。还好，褡裢虽小，但小镇道路整齐、绿树成荫，步行在茂密的梧桐树下我感到一丝凉意。我边走边看着路边门市门牌上的道路名称，只要到个街市口，无论大街小巷，都要打听一下怎么走，生怕走了冤枉路，耽误时间，根本无心留意褡裢小镇的风貌，一门心思就是想着早点找到紫薇家。

不知走了几道街，拐了几个路口，最后我来到一个大门朝东的家属院，一打听，正是紫薇家所在地，我兴奋至极，悬着的心总算落地了。院内是东西走向的几栋二层筒子楼，一看就是大单位的住处。按家属院一住户的指示，我满怀希望地拾阶而上，来到二楼东头，掀开竹帘，敲门不应，又一看原来房门上着锁，我的心凉了半截，问隔壁邻居也不知她家人去了哪里，无奈只好失望地顺梯而下，离开院子时不忘回头望了一下楼上，紫薇家给我留下深刻印象的是，窗台上的几盆郁郁葱葱、蓓蕾初绽的花草。

转眼已快三十年了，也许至今紫薇同学也不知道我曾去过她家。但这次褡裢之行却使我终生难忘。因为这是我唯一一次踏上褡裢小镇，更是我去的最远的一次学生家访，尽管没有见到学生本人和家长，但它记刻着我教书育人之路上的爱心、责任和担当。

当然，褡裢之行也有收获，那就是不辞辛苦、陪我一同前往的女伴成了我的终身伴侣，按她的说法是：能对学生这么负责的人，一定值得托付！

15. 九七届印记

今天是1997届学生毕业20周年返校活动日。

当学生最初邀请我参加毕业返校日活动时，我还有点犹豫，不是不想参加，而是觉得资格稍低，既没当他们的班主任，又教的是理科班的政治“小科”，没送到高三就结课了，学生毕业都20年了，还能有几个人对我有印象呢？但是，当我上午9：20来到学生面前，马上有学生喊着“刘老师”而迎了上来时，我真切地感受到了邯郸市一中师生的深情厚谊绝不像我想象得那么短暂，心中不免暗自惭愧。

一、四川德阳夏令营

1996年暑假，学校安排我带领4名1994级学生参加在四川德阳举办的全国中学生真空科技夏令营。说实话，当时对出远门我心里还是有数的，别说北京、天津等北方城市，就是南方的广州、汕头、厦门、福州、上海都自己跑过，但是我要带学生外出川府大地参加暑期夏令营活动，不免有点忐忑，这不仅要保证学生在活动中得到科技文化知识收获，更要保证学生的安全。

在参加活动的几天行程里，我一直在紧张和忙碌中度过。

1. 没听过的“大件路”

我带着学生从邯郸乘坐了两天多的火车到达四川德阳站，出站后由活动举办方安排汽车接到活动地点，路上很顺畅，其中一段路路面宽阔，奇怪的是路上没有隔离栏，路边也没有绿化带，感觉很特别。接我们的老师解释说：“现在我们走的是‘大件路’。”我很纳闷，“什么大件路？”老师解释说：“就是大件物品的‘大件’两个字。这条路经常走载重几百吨的货车，所以叫‘大件路’。”一听几百吨，我的头就大了，在我的印象中，二十世纪八九十年代的汽车门上都写着自重几吨，载重几吨，一般的桥梁上最多只是写着禁止几十吨的货车通过，哪儿听过几百吨的货车呀！（即便是现在的大型货车也仅是载重百十来吨。）

后来我才知道，中国第二重型机械集团、东方电机厂、东方汽轮机厂、东方锅炉厂等国家大型重工企业都集中在德阳，他们要生产大型核电和水电等大件设备，比如三峡电站的转轮。这条“大件路”就是为把这些大件设备运输到乐山港码头上船走水运，然后运送到目的地而修建的，路面的载重标准是 700 多吨。更让我惊奇的是当时车上有人说，好像我国正在德阳研制生产国产航空母舰的甲板。我一听就肃然起敬，你想在 20 多年前就听到我国开始了航空母舰的研制该是多么激动和惊讶呀！

自那年走过“大件路”后，我就一直想着哪天中国真的能拥有一艘属于自己的航空母舰。2012 年 9 月，由苏联“瓦良格号”改装的“辽宁号”航母交付中国人民解放军海军服役，也算圆了我们的航母梦。2013 年 8 月 2 日，真正属于中国的首艘本土建造的航母在上海的江南造船集团长兴岛造船厂开始建造。我相信德阳的这条“大件路”一定为中国航空母舰的建造出了力。

2. 亲眼看到的锻压机

关于锻压机，我只是在中学物理上有点印象，后来由于学文科原因，就渐渐忘记了。这次夏令营的一个参观地点就是德阳的中国第二重型机械集团模锻液压机车间（厂名我记不清了）。

由于生活环境所限和工作性质原因，我没见过几件大型机械设备，见过的较大的操作车间也就是县里的轴承厂了。当我走进德阳液压模锻车间时，被高大宽广的车间所震撼。整个车间有一个足球场那么大，学生们一边参观一边记录，然后讲解人员把夏令营成员召集到车间中间靠阳面一点的一台液压机前详细介绍设备的工作原理。当然我是外行，没听懂几句，只记得说“这台液压机是亚洲乃至世界最大的液压机，几百吨的金属物件可以在它的手里像揉面一样任其锻压”。我顿时想，这应该就是中国的力量吧。

据资料显示，2012 年 12 月 11 日，由我国自主设计研制的世界最大模锻液压机在四川德阳第二重型机械厂进入调试阶段，2013 年 1 月投产。这台 8 万吨级模锻液压机，地上高 27 米，地下 15 米，总高 42 米，设备总重 20 500 吨。

巨型模锻液压机是象征一个国家重工业实力的战略装备，世界上能研制的国家屈指可数。目前世界上拥有 4 万吨级以上模锻液压机的国家，只有中国、美国、俄国和法国，这台 8 万吨级锻压机，一举打破了苏联保持了 51 年的世界纪录。模锻压机主要用于制造航空、航天、核电、石化等领域的高强度钛铝合金锻件。从世界范围来看，凡是能拥有巨型模锻压机的国家，都是航空航天工业强国。美国、苏联、欧洲在半个世纪前建造的巨型锻压机，奠定了世界航空工业三足鼎立的局面，我想这台 8 万吨级锻压机，也必将为中国航空等前沿工业的发展插上腾飞的翅膀。

大国工匠，国之重器，“二重”当之无愧。

3. 难以忘却的“大鹏号”客轮

学生安全是带学生外出的最大担心。20 年前我们还没有手机，老师带学生外出参加活动全靠眼力来管控学生，绝不能让学生游离于老师视线之外。这次夏令营活动非常顺利，学生们都比较自觉，认真参观，用心学习，谁知偏偏在返回途中遇上了大雨，长江水面暴涨，我们乘坐的“大鹏号”客轮不得不停靠在湖北沙市。

1996 年乘火车还不像现在这么便捷，车次少，乘车时间长。夏令营活动结束后，在组委会老师的推荐下，我们和长治某中学参赛队共 10 人选择乘车到重庆，然后乘坐“大鹏号”长江游船先到武汉，再换乘火车返程的路线。

我从来没有长距离坐过轮船，更何况是1000多公里的长途客轮。不过同学们都是很期待的，当大家迫不及待地上船，走在宽阔的长江水面时，高兴之情难以言表。学生们一会儿爬窗户眺望，一会儿跑到甲板转转，我还得不停地提醒他们看好个人物品。但我总觉得乘船不如乘坐火车平稳踏实。果然“大鹏号”游船行驶到长江三峡段不久便下起了雨，沥沥啦啦一直下个不停，每到一个码头有客人上下船时，大伙都会议论下雨的事。后来雨越下越大，再加上有的江段有风，游轮有时还有点晃悠，我的心里就更没底了。我密切注视着天气的变化，也没有多大兴致看长江三峡的美丽景色，即便这样我还是故作镇静地告诉学生们：“在江面上、海面上经历风雨都是常事。”

学生休息了，但我还是透过唰唰的雨水注视着波澜起伏的江面，用心听着游船上的广播，还买了本《毛泽东与蒋介石——半个世纪的较量》消磨时间。书看了一大半，也不知走到了哪里，突然船上广播里通知：“各位乘客，由于雨水很大，江面水涨，为确保乘客安全，‘大鹏号’游轮将在湖北省沙市码头停靠，所有乘客需换乘汽车去往武昌，请大家理解配合，祝大家路途平安!”这时我才真正感觉到我对江面游船的安全担心不是多余的，于是我赶忙招呼学生收拾好物品，准备下船。

2015年6月1日，重庆东方轮船公司的“东方之星”号游轮在从南京驶往重庆途中突遇强对流天气，在长江中游湖北监利水域沉没。“东方之星”号客轮上共有454人，其中成功获救12人，遇难442人。

在“东方之星”发生灾难性事件的那几天，我总会想起1996年7月的那次带学生乘坐“大鹏号”的经历。它一直影响着我的学生管理理念，那就是“学生安全是学校的大事”。

4. 武汉汉正街发脾气

武昌天气晴好，同学们下了车，心情都很愉快，我悬着的心也落了地。我和长治某中学的带队老师商量着买好了返回的火车票，由于车票是下午的，还有几个小时的空闲时间，大家琢磨着到武汉什么地方去转一转，最后大伙商定去汉正街。

说起小商品集散地，估计你首先想到的是浙江的义乌和河北保定的白沟，其实，改革开放后我国首先发展起来的小商品市场应该是武汉的汉正街小商品市场。

20 世纪初，随着汉口开埠、租界的设立与铁路的开通，汉口商业中心逐渐下移至长江岸边，汉正街逐步演变成小商品市场。20 世纪 80 年代，伴随着改革开放政策的实施，武汉汉正街凭借其优越的地理优势，在中国率先恢复了个体和私营经济的发展，发挥了引南接北、承东启西的商品流通功能，很快发展成为我国中南地区最大的小商品集散地。

学生出门少，又对各种时尚商品感兴趣，尤其是小商品，因此来到汉正街后都感到很新奇。

20 世纪 90 年代的市场环境并不规范，强买强卖各地都有，交易时讹人事件随时可能发生，为保证学生安全，不出事，避免不必要的麻烦，我给学生们立下在汉正街的游玩规矩：①不买的商品不要动；②不买的商品不问价，更不准还价；③紧跟队伍，不要走散。

一路上同学们都很自觉，可是在参观汉正街的后半程，我发现有两个同学（一男生一女生）一边走一边说，有时和大伙相距好几米，我几次回头看看他们，意思是提醒他们注意一点儿，他们却没有领会到我的意思，凭老师的思维定式，我突然有一种他俩“有搞对象嫌疑”的意识，心想，别参加夏令营没学到多少东西，反而搞起了对象，这怎么给学校和家长交代。于是气儿不打一处来，走到他俩人跟前，以他们跟不上队伍的理由狠狠地吵了他们一顿，在后来的时间里，两人表现很好，但也不怎么理我。我想，可能是师生的隔阂，也许是对我的不留情面批评有点不解和怨恨，但愿我对他们的担心是多虑，毕竟学生的天职是学习，带学生出去安全是大事。

1996 年 7 月的这次全国中学生真空科技夏令营活动已经过去 20 多年，让我记忆深刻、感触很深、收获很多。学生们也一定通过这次活动学到了很多东西，受到了很大启发，因为这次活动不仅让学生实地参观了国家大型企业的生产和发展状况，还现场聆听了几场有关我国航空航天高科技发展等方面的专题讲座，期间还有交流提问解答，使学生真真切切地感受到了我国经济的发展和科技的进步，激发了他们的学习激情和使命感，加深了他们的爱国情怀。

当时我曾提醒学生们回家后要写好活动记录、做好活动总结。可惜的是后来我没有收取，这次活动我留下的实物资料只有那本伴我返程的《毛泽东和蒋介石——半个世纪的较量》书了。

二、学生划拳

我没在 1997 届当过班主任，但由于班主任的工作习惯，但凡发现学生有什么不良行为和违纪现象，我从不会视而不见，总是及时给予批评教育。

有一天，下午正好是我的政治课，我提前来到班级门外候课，在教室外，我隐隐约约听见教室里有“俩儿、俩儿……”的划拳声，我进门一看，两个学生正在低着头一唱一和地划着拳，我走到了他们跟前也毫不知晓，于是我一手抓一个胳臂，把他俩拉出教室，让他们站在走廊狠狠地批了一顿。还好，两人认错态度很好，一再表示知道自己错了，今后一定好好学习，不再做违纪的事。

据同学说，这两学生后来发展的还很不错。

要是现在我再见到他俩，我肯定会给他们说：“小样儿！就你们那点儿水平，有本事跟我比画两下！”

16. 惩戒处分是手段而不是目的

老师和学校对违纪的学生给予批评教育、停课反省，严重者给予警告、严重警告、记过、留校察看甚至开除学籍等纪律处分很有必要，教育部也专门颁布了《中小学教育惩戒规则》。但是不管你对违纪学生的惩戒处分是想“杀鸡给猴看”，还是“杀猴给鸡看”，以达到“以儆效尤”的教育目的，请记住这“鸡”和“猴”也是我们教育的对象。“杀”不是我们的目的，只是对违纪学生进行教育的手段。

但是在实际的教育工作中，我发现有的老师和学校总是爱把对学生的惩戒处分作为目的来处理违纪问题，结果往往达不到教育的目的或教育效果大打折扣。

一个曾多次违纪的学生在给我交的反思材料中写道：“第一次违纪后，班主任按“班规”惩罚了我。说实话，我从小没有养成好的习惯，自觉性差，所以惩罚后我还有违纪现象，每次违纪后班主任都是让我自己对照着“班规”看如何办，我都按规定受到了相应的惩罚。后来我就无所谓了，反正我也不犯严重违纪的事，直到这次真的因屡次违纪被班主任上报到了学校接受处分。”“今天你给我的耐心谈话和批评教育，让我知道了所犯错误的严重性和危害性，我对不起父母的养育之恩、对不起老师的教育培养，我现在很后悔，希望学校再给我一次改正错误、重新做人的机会!”

我想，如果班主任老师能把对他的每次惩戒处分当作教育的手段而不是目的，也许该生也不会发展到如此严重的违纪地步。

1. 当老师把惩戒处分当作处理问题的目的时，教育的过程就会被忽略。因为惩戒处分是很容易做的事，只要我们制定了校规校纪和班规班约，学生如果违纪了，就让他对号入座，照章办事儿就行了，学生和家长也无话可说、难以辩解。因为老师对学生是一视同仁，对事不对人，学生只好认罪受罚。

2. 当老师把惩戒处分当作处理问题的目的时，个别学生有可能钻违纪惩戒的空子，为了处罚而故意违反纪律。比如由于个人、家庭、社会等原因，有的学生可能生活自理能力差、学习自觉性差、学习动力不足、上进心不强、抗挫折能力不够等。在这种情况下，一旦他学习生活上遇到困难、挫折或者在学校不适应时，便可能心生邪念，玩起小聪明，钻惩戒处分的空子，也就是为了达到逃避或“回家享福”的目的而故意违纪。

3. 当老师把惩戒处分当作处理问题的目的时，老师就可能会以“快刀斩乱麻”的方式解决问题，忽视了对学生的谈话沟通的教育过程，学生也就认识不到违纪事件的性质和危害性，达不到让学生反省和改过自新的教育目的。于是他很有可能成为“惯犯”。

人们常说“没有教不好的学生，只有不会教的老师”。尽管我对这句话有不同的看法，但这句话本身也说明教育的复杂性和难度。教师只有能把惩戒处分当作教育的手段而不是目的，才会静下心来耐心做好教育工作，通过惩戒处分帮助学生认识到他错误行为的性质和后果，从而达到让学生引以为戒、改邪归正的教育目的。

当老师把对学生的惩戒处分当成教育的手段而不是目的时，学生可能也就失去了违纪的借口，进而才能严格要求自己，养成好的学习和生活习惯，不断培养自己正确面对挫折、迎接挑战、不畏困难的勇气和信心。

当老师把对学生的惩戒处分当成教育的手段而不是目的时，作为教育工作者的老师也会给自己提出更高的要求，不断学习新知识，提高教育的能力，进而真正做好教书育人的伟大事业。

“千里之堤，溃于蚁穴”，老师和学校对学生的任何小错误都要严肃认真对待，进行批评教育；对任何大错都不要一棒子打死，要通过教育和惩戒处分给他改正的机会。这样才能让学生在违纪的道路上收住手脚，迈入成长发展的正确轨道。

“没有惩戒的教育是不完整的教育”，但是对学生的惩戒处分不是教育的目的，只是教育的手段。

17. 溺爱是害不是爱

昨天，同事让我看网上的一个视频。内容是：在山东济宁市一个小区门口，一个男孩子脚踹、辱骂、追打母亲，旁边人员和保安阻拦不住，最后这孩子被警察带走。据说，妈妈被打的原因是，男孩向家里要钱被拒绝。

看后，我既心疼，又气愤，因为不管怎样，孩子也不能这样对待妈妈呀！可静下心来一想：这孩子是怎样变坏的？难道父母没有责任吗？于是想到了这句话——溺爱是害不是爱。

看到这个题目，你可能认为我想得太多，看得太重，甚至有点危言耸听。

那我想讲一个真实的案例。去年深秋的一天，高一年级的班主任张老师给我说：她班有一个学生，家长对孩子溺爱得不得了，从秋季新生入学以来，只要那隔两天孩子没给她打电话，家长一定会给班主任打电话，问孩子在学校的表现，吃得怎样，穿得怎样，适应不适应住校生活，等等，事大事小都要关心。孩子好像也适应了这种被溺爱的生活方式，除了学习，其他一切似乎都与他无关，尽管成绩比较好，但是和同学关系不会相处，说话儿也不太懂事，什么事都是先考虑自己。

你说这样的孩子，将来从学校毕业走上工作岗位后能否和同事协调配合？能否适应复杂的社会交往？到底现在家长的做法对孩子是真爱还是真害呢？

一

爱孩子是父母的天性，但是爱孩子也是一门儿学问，爱要用正确的方法。

我曾在微信里边看到过一篇文章，题目叫“孩子，我不欠你的”，大致意思是：暑假期间，一个中国人把自己的孩子送到澳大利亚一个朋友家，说让孩子见见世面儿，朋友从机场接回他孩子后，就和孩子说了一番话：我是你爸爸的朋友，在暑假这段时间，你爸爸托我照顾你，但是我要告诉你的是，你已经13岁了，基本生活能力有了，所以从明天开始，你要自己按时起床，我不负责叫你；起床后你要自己做早饭吃，因为我要工作；吃完后，你就要把盘子和碗洗干净放好。洗衣房在那里，你的衣服你要自己洗。另外，这里有一张这个城市的地图和公共汽车的时间表，你要是想去哪儿玩的话，要提前看好地方和线路。总之，你自己要解决自己的生活等问题。

这个材料的真实性，我没必要考证，家长的这种做法我也不完全赞成，因为对培养孩子，尤其是未成年的孩子，家长有着不可推卸的责任，简单地把一个13岁孩子推出去是不负责任的做法。但是呢，从这个例子也告诉我们，孩子的能力是需要培养的。

二

受传统文化的影响，我们中国和西方国家在孩子培养方面有不同的观念，但是让孩子优秀，做到素质全面、能力提高、适应社会是我们共同的目标。所以，放任不管是对孩子的不负责任，而溺爱孩子也实现不了培养孩子的目标。

溺爱孩子有以下表现：

一是注重物质满足，忽视精神品质培养。随着我国经济社会的不断发展，无论城市还是农村，我们的物质生活条件有了极大的改善，吃不饱穿不暖的日子已经成为历史，再加上计划生育政策的实施，少子化、一孩化家庭成为普遍。于是，父母和老人对孩子关爱有加，只要孩子提出了物质方面什么要求，那是极力满足，甚至把对下一代的爱归结为吃好、穿好、用好，直到营养过剩才停下脚步。

我曾在校门口亲眼看到一个老人，应该是爷爷辈的送孩子上学，到了校门口，老人非要让孩子吃一口他带的面包什么的，孩子不想吃，那老人就拽着不让孩子走，最后小孩儿看着老人的脸色，咬了一口面包，“呸”，吐到地上，然后背拿起书包，进了校门。

你说这是孩子不懂事儿吗？我认为不能这样说吧！那是家长不爱孩子吗？那肯定也不是。只能说是爱的内容和方式错了。

二是对孩子事事顺从，有求必应。对一个未成年的孩子来说。他喜欢的东西是太多太多，吃的、玩的、穿的、用的，等等。可是我们要知道，对他的要求来说，有些是适合的，有些是不适合的；有些是应该的，有些是不应该的。如果我们家长不加选择地满足孩子的所有要求，难免会影响孩子的健康成长，容易形成孩子以自我为中心，不利于将来和别的孩子互相往来、交流互动。所以说，不利于孩子健康成长的东西不能满足，一味攀比的要求不能满足。也就是对孩子的要求要做到：吃的要有节制，穿戴的要有限度，学习的用品可以尽力满足。所以说，对孩子真正的爱，就是对孩子的合理要求加以满足。要什么给什么，不会培养出孩子吃苦耐劳的品格，不利于孩子的长远发展。

三是让孩子亲自做的少，代替孩子做的多。俗话说：“勤娘养个懒孩子。”凡是对孩子溺爱的家庭，往往以爱的名义代替孩子做孩子该自己做的事情，让孩子过着饭来张口、衣来伸手的生活。结果孩子到了高中、上了大学和参加工作后，基本的生活不能自理，于是爹娘惦记，爷爷奶奶挂念，姥爷姥姥睡不着。这样的孩子依赖心强，缺乏主见，信心不足，你说他将来怎么能操持起来一个家呢？怎么能在走上社会以后独当一面呢？更别说成为社会的栋梁之材了。所以我们绝对不能代替孩子做他应该做的事情。

很多事情很大程度上不是孩子做不好，而是因为你没有给孩子锻炼的机会。请家长记住：所有的爱都是以聚合为目标，唯有对孩子的爱是离开，是把孩子培养成雄鹰，让他能“远走高飞”，而不是把孩子培养成“巨婴”，使其离开父母后，难以独立生活。

“惯子如杀子，溺爱出逆子。”真正对孩子的爱就要对他的一生负责，也就是让父母的爱能培养锻炼他自理的独立生活能力、正确面对困难的抗挫折能力、正确处理个人和他人关系的社会交往能力等，而不要让父母对孩子的溺爱成了他成长发展道路上的障碍，否则最后受罪的还是孩子。

18. 学生给我的一封信

“师者，所以传道、授业、解惑也。”在传统的教育理念中，老师总是与严肃、刻板、恪守教规、疾言厉色联系在一起，老师一定是发号施令，学生必须是唯命是从，但我一直在努力改变这种师生关系，让学生体会到老师亦师亦友的关心和爱护，努力做学生的良师益友。

2016年教师节，我收到了一封让我感动的学生来信，我愿意和大家分享我的感动，也激励我把教书育人工作做得更好。

亲爱的龙哥：

想说的话自是很多，但又不知从何讲起，只好由一名篇作引。韩愈有一文章，名曰《马说》，其中的名句这样讲：“世有伯乐，然后有千里马。千里马常有，而伯乐不常有。”我是不敢自比于千里马了，但我认为，您一定是伯乐，而且高明之处在于能够独具慧眼，将我这种无名小卒从芸芸众生中挑选出来，授我以知识，育我以德行。就像当年的丘吉尔能够被他的老师留下悉心培养，就像东洋留学的鲁迅能够得到藤野先生的谆谆教诲一样，我，也是如此这般的幸运！

在我的印象中您曾说过，希望我能成为一个更优秀的人。原谅弟子不才，学习方面还未做到极致，总在年级十来名的关口徘徊，不过也请您宽心吧，依我看来，我能成为一名优秀的学生，更能成为一个优秀的人，我有信心，也的确在努力着，因为我再清楚不过了，那些期待的眼神与我爱的人都是不可辜负的。我不知道在这将来的三年中会以怎样的函数图像发展，也许不会单调递增，也许极差很大，纵使外力总想将我的意志消磨，但我一定会拼尽全力将加速度的方向加在正前方。这就譬如是价值规律在发挥作用，它不会使物价一直保持在同一水平，但能维持物价总水平的稳定。

再多的话语也是讲不尽的，迷茫的时候我可以面向北方，我知道那里有您，于是便会心在，于是便会收拾好行装继续前进！

最后，趁着教师节这个机会，让我向您道一声：

节日快乐！

身体健康！

工作顺利！

天天开心！

您的弟子：×××

2016 年 9 月 8 日

19. 我培养出了“高”才生

不当班主任不知道班主任的辛苦，但不当班主任的老师，也体会不到班主任的成就感。想当年我培养出了一名“高”才生，直到现在我依然骄傲和自豪。

那天晚自习，李爱国（化名）跟着我走出教室，靠到铁栏杆旁。

“老师，我想给你说点事。”但没有接着说什么事，我让他来到我办公室，他低着头顾虑很多，不说话，表情很沉重，最后憋出一句话：“刘老师，我不想上学了。”这让我非常意外，忙站起来拿凳子让他坐到我身旁。凡来找我的学生，如果是谈心，我一定让他坐下来说，这样有利于学生和我心碰心地平等真诚交流。

“为什么不上了？是邯郸市一中不好，还是任课老师不好？还是跟同学闹矛盾了？”

“都不是，”他回答：“是我自己不想上了。”

在我的耐心追问下，才给我说出了详情。

李爱国是我班的体育特长生，礼貌懂事，训练刻苦，专业突出，是老师喜欢的好学生。高一入学后，由于训练量加大，自我保护又不够，导致腿部受伤，这可断送了他的体育前程，而由于他的文化成绩基础较差，将来高考走文化线又难上加难，考虑再三，他萌生了退学的想法。

我问他：“那你不上学准备干啥？”他没有回答。

“家长知道你的想法吗？”“知道。”显然他已和家长沟通过。

接着我又给他讲了一些道理，告诉他这样的年龄不上学、不学文化课程，必将影响到今后的工作和生活的质量，希望他冷静思考，慎重决定。

那时我是个年轻的班主任，没有什么教育经验，第二天一到学校，我就把李爱国退学的想法给办公室的老师详细说了一下，有建议尽力挽留的，有感觉很可惜的，当然也有人说：退学也好，省得给班级拉分。我思绪半天还是决定全力挽留爱国继续上学。我认为，一个负责任的老师不能简单地顾忌班级成绩的考核，而要为学生着想。不能为了我现在所谓的业绩而影响学生的将来，不要为了我个人的名利而丢掉我教师的职业道德。

于是，晚自习时间，我又和他进行了深入的交流。我记得很清楚有以下几点谈话内容：一、上学为了什么？难道就是为了考上大学吗？错了，考学不是目的，掌握知识、提高素质、增强适应社会的能力才是最终目的。平常过日子还需要懂点用电常识，将来外出打工，更需要知道社会常识，懂得地理知识。如果你认为上学就是为了取得一张文凭，那你可以退学。二、如果你家庭条件不好，经济生活困难，需要你挣钱来养家糊口，那咱可以共同想办法（当时我并不知道他父母工作及家庭经济状况）。三、现在你也许还没有认识到学习这些高中知识的必要性，将来文化知识的匮乏肯定会影响你的发展，现在学点知识会成为你将来继续学习和深造的基础。现在外出打工还不需要高中文凭，将来高中毕业证将成为你打工的资格证、敲门砖。

所以，我建议他无论如何都要把高中读完。我还告诉他文化课不能着急，要持之以恒地学习，专业训练要适量。最后还一再强调“我这个班主任和其他任课老师都不会嫌弃你”。

爱国似乎被我说动，但没有表态，后来我又约他家长到校进一步沟通，以便家校形成一致意见。在我和家长的共同努力下，爱国放弃了退学的念头，全力投到文化课学习中。

整个高中阶段，爱国严格自律，学习扎实，勤奋刻苦，成绩进步很快。由于他有着过硬的身体条件和心理素质，那年高考他以优异成绩被中国民航大学录取。大学毕业后，在工作岗位上敬业勤勉，荣任国内重要民航航线的机长，逐步发展成为一名优秀的国家干部。

经常有人问我，你工作20多年了，培养的学生也不少，最引以为豪的学生是谁？我毫不犹豫地告诉他们，当然是李爱国了，因为我别的学生全工作在地面的各条战线上，只有他“高高”在上，翱翔在蓝天。

我骄傲，因为我培养出了“高”才生。

20. 学习没有完成时

“在日常生活中，有许许多多的事情会让我懊悔，但是有一件事情，却增加了我们的欢乐，那就是学习。”这是阅读《美丽生活的86法则》给我印象最深的一句话。

一个人只有参加了工作，有过工作和生活经历了，才会更加深刻地感受到：无论你认识到也好，认识不到也罢，“上帝”每天给我们每个人的时间都是8.64万秒。随你怎么利用，它也不会给你延长；再怎么后悔，它也不会再来。

因此，如果你是一个聪明的人，无论何时何地，你都应当抓紧时间做好你该做的事情，并学会利用空余时间为自己继续“投资”，即不断“充电”，接受继续教育，以便提高自身素质，增强自己适应未来社会的能力。

我认为，一个人在上学阶段是最幸福的，因为这期间你不用担心生活的问题，吃穿用品等有父母给你提供；不用处理复杂的人际关系，同学之间是最纯真的情感；没必要考虑太多工作的考核绩效问题，只要好好学习就行。应该说这是一个人一生中最美的、最轻松的一段时光。

但是，不少在校的学生又总想着早一点离开学校，自认为到社会上就有了更多的自由和施展才华的机会。实际上可能只有在你离开校园后，尤其是经历过风风雨雨的工作和生活艰辛后，才懊悔没珍惜上学那段“充电”的最佳日子，只可惜时光不会倒流。

一个人最现实的做法，不是后悔以前没有怎么做好，也不是梦想以后如何美好，而是应该想一下目前该做什么，脚下的路该如何走，努力把该做的事情做好。

“自主学习”就是从离开学校、来到社会、走上工作岗位的那一天起，你仍然要不断丰富知识，提高实力，跟上时代的步伐，掌握原来在课堂上没有学到的新知识、新内容，有“活到老，学到老”的进取心，把学习当作每天的乐趣和任务，

“学如逆水行舟，不进则退。”当今的世界，科学技术日新月异，生产力飞速发展，新知识、新技术层出不穷，许多新问题需要我们去探索，新环境需要我们去适应，只要你一放松，别人很快就会超过你；只要你的理念跟不上，你就会被社会所淘汰。同时，只要你是一个善于学习、不断“充电”的人，即使底子较差，前途也一定是光明的。

那么，我们平时应该自学哪些知识呢？我建议每个人应结合自己的实际情况来制订学习计划，可以是工作中涉及的专业知识，也可以丰富自己的业余生活，当然也可以通过学习陶冶自己的情操，锤炼自己的品质，等等。

学习可以让你丰富知识、提升认知、提高能力，当一个人感觉到能力不断提高、工作得心应手、成绩不断进步、周围关系融洽、每天心情舒畅、生活不断充实时，则表明你“充电”已经见效。

“学海无边，学无止境”，学习只有进行时，学习没有完成时，学习是人生的终身伴侣，学习是快乐的事。

成功属于你——一个不断学习进取的人。

21. 母校，学生温暖的港湾

对一个人来说，毫无疑问，最亲的是家人，最温暖的是家园。对一个学生来说，当他无助时，也许最信赖的人就是他的老师，最温暖的地方就是他的母校。2019 年 9 月 15 日，我突然接到一个电话。“刘老师好！我是你的学生，有点儿事想麻烦你！”我说：“别给老师客气，谁呀？有啥事儿说吧！”“我叫陈正楚（化名），我想找一个同学，我们高中毕业后十几年没有见面儿了。”“你找的这个同学叫啥呀？”“我想不起来了，因为我们不是一个班的，只知道他是理科实验班的。当年高中新生入学军训时，我们两个都被教官挑选到了国旗方队，彼此就认识了，后来我们两个人课余时间经常在一起交流学习体会什么的。那时我俩都对计算机比较感兴趣，现在我在工作时经常用到编程，所以就想起了他，挺怀念我们在邯郸市一中就读时的那些时光。”

我以为他在邯郸市内某单位工作，就说：“你找的这个同学是哪个班不知道，叫啥也想不起来了，这样吧，那你来学校一趟，咱一块儿想办法找找吧?”“老师，不好意思，我现在过不去，我在浙江杭州工作。”“啊！你不是在邯郸工作呀!”我有点意外，因为我教过的学生比较多，学生的名字也不一定都记得准，就误认为是某学生了。

他接着说：“老师，你当年教我们思想政治课，课上内容讲得很接地气，我记得很清楚，你给我们举例说：生活消费按消费目的来说，有生存资料消费、发展资料消费和享受资料消费，比如柴米油盐酱醋茶是生存资料消费，琴棋书画诗酒花就是发展资料消费和享受资料消费。”我说：“你真是一名好学生。不好意思，那你再给我说一下你叫啥，是哪一届，几班的，我找到后再打电话给你说。”

我很认真地记了下来。下午一上班，我打开了电脑，搜索着他们那一届学生的信息．十几分钟后，我在一个文件里找到了“陈正楚”这个名字，我立刻给他打过去电话，进行了信息确认。可是，每一届学生那么多，他也不知道要找的同学叫啥，我咋办呀？我俩陷入了沉默。

突然，我想出来一个办法，说：“正楚，尽管你不知道要找的这个同学叫啥，但是我想，如果我把他的名字念出来，你应该有印象吧？”“有印象，没问题！”他非常坚定地说。于是我又找出那一届实验班的学生名单。“正楚，你听着，我把名单给你挨着念，看你要找的是谁啊！”“好的老师！”听他说话的声音，应该是露出了笑容。我按着名单逐个念给他听……，当我念到第 90 个名字——张金涛（化名）时，他几乎兴奋地要喊了起来：“就是他，就是他，张金涛！”我说：“好！好！”“正楚，这里正好有他家长的电话，但是毕竟十几年了，我先和家长电话沟通一下，你们再联系吧。”“好的！好的！”

不料，我打过去名单上留下的电话，结果已经是空号儿，停用了。我又把电话打给正楚，他也很是遗憾。我说：“正楚，你知道张金涛上的是哪个大学吗？”他说：“不知道，只要知道张金涛当年考上了哪个大学，我就能想方设法联系上他。”“我这儿有他的大学信息。”他一听，又有了新的希望。我告诉他：“张金涛考上的是上海交通大学。”“太厉害了，就是比我考得好！”我说：“你上的电子科大也很好呀！”

两天后，他打来电话，通过同学等渠道，他果然联系上了张金涛。他说，他们两个人先后说了将近 1 个小时。一起回忆了在中学的学习和生活，特别是谈了参加军训、科技文化艺术节、运动会等活动的感受。他一再强调：邯郸市一中让他们终身受益，越来越体会到了“今日我以一中为荣，修身求知，立志成才；明日一中以我为荣。成名成家，报效祖国”的深刻含义。他说：“我不敢说做到了‘一中以我为荣’，但是我们离开邯郸市一中的时间越久，去的地方越多、越远，见的世面越广，我们就越深切体会到‘我以一中为荣’的含义!”“谢谢老师！谢谢邯郸市一中!”他很深情地说。

放下电话，我也真正体会到了做一个人民教师的幸福、快乐和责任，这不就是我们一个老师应该做的吗？这不也是“一日为师，终身为父”的体现吗？我在内心一字一句说着：“同学们，老师永远是你们值得信赖的人；母校永远是你们温暖的港湾!”

22. 我家有女初长成

常言道：“儿行千里母担忧。”更何况我家是个女孩儿。

2011 年，孩子参加高考，被北京一所大学录取，我高兴至极。尽管我相信孩子的综合素质和自理自立能力，可真到秋季开学孩子要离开大人时，我还是放心不下，毕竟她才刚满 16 岁。

开学那天，我们一家人提早把行李物品准备好，高高兴兴一块儿乘车送女儿北上报到，这也是女儿上大学期间我们唯一的一次送她到校，除此之外的放假或返校都是她独自一人或和同学结伴往返。

报到那天，我有意让孩子自己办理一系列入学手续。说实话，对她当天待人接物能力我很是满意，即便这样，我们离京返回后，依然时时牵挂，放心不下，经常打电话就学习、生活、交友等方面提醒嘱咐。但真正让我揪心不已而又深感孩子长大了的是大学一年级结束暑期放假的那次乘车回家经历，至今让我担惊受怕、心有余悸，因为那天赶上了北京几十年不遇的一场大雨。

那是 2012 年 7 月 21 日的整个晚上。

按规定，大学 7 月初放暑假，由于孩子是学生干部，要参加学校社团实践活动，直到 21 号才买票回家，车次是中午 12：30 左右的，鉴于那天上午北京有雨，又是暑期放假，行李也多，我提醒她早点到站候车。可孩子自10点多到北京西站后左等右等，车站电子屏一直不显示所乘车次的到站信息。孩子非常着急，我也焦急万分，但必须在和孩子交流时表现出极大的镇定，告诉她："不要着急，今天天气不好，再耐心等待一会儿。"意外的是等孩子排队到问询处了解缘由后才知道，她前几天误将北京站当成了北京西站，购错了票，走错了站。

我的头顿时大了："怎么办?""这可是孩子第一次单独乘车回家呀。"我自言自语，不知如何是好，这时北京的雨越下越大，出租车也不好打，稍微静心后，当即给北京要好的同学打电话了解情况，看是否方便帮一下忙，送送孩子，对方告诉我："今天的雨确实很大，车开不过去。"说实话，我当时对朋友还真有点意见，心想："还能下多大！算了，关键时候帮不上一点忙。"于是叮嘱孩子拉箱、背包、掂着东西折腾了一个多小时才打车到北京站，等到那儿早已错过发车时间，便只好又排队改签到次日凌晨的车次。

不知是北京站候车室地方狭小，还是那天天气不好，检票员不准乘客提前进站候车，女儿又人生地不熟，只好拖着行李来回找地方躲雨，最后来到一家麦当劳店稍事休息等待，这一等就是几个小时。

这时我才静下心来，打开手机，搜看着北京的天气信息，"持续降雨""大雨""暴雨""特大暴雨""百年不遇大雨"的短信不断在网上转发。我越看越紧张、担心，她妈妈更是坐立不安，不知如何是好，干着急帮不上忙，既担心女儿身体，又怕火车再次错过，更担心她一个人晚上的安全。关键是我们还不能一直给孩子打电话，因为通话时间太长，女儿手机没电会更让我们揪心。为平息紧张焦虑的空气，我突发奇想，从阳台墙角把凉席拖出来铺到中厅，然后似乎没事一样佯装睡觉，其实是如坐针毡。

等得知孩子上了火车安顿好后我才眯瞪眼睛稍作休息。

天刚亮，我便驱车早早来到火车站等候女儿回家。当进站的火车汽笛响起、出站门打开，我立刻仰着头跟着人群往前紧走几步，在看到拖着笨重行李的女儿出现后，我悬了一夜的心才算落地儿。

一上车，孩子便把路上的劳累和疲惫抛到脑后，和妈妈不停地讲着昨天下午、晚上发生的一切，说到关键处还爆出几分自信、淡定和乐观的笑声。我静静聆听，不时插两句我小时候独自遇到的风雨坎坷，而且表现出我对当年所遇困难不屑一顾的样子，话语间女儿也好像经过了一次艰难困苦生活的锻炼和人生大战的洗礼，增强了她战胜困难的信心和勇气。

回到家，稍作停息后，我再次提醒她今后在遇到一些突发问题时候的处理办法，她妈妈更是千叮咛万嘱咐，生怕今后再有什么意外发生，而女儿却满怀信心地说："放心吧！这么辛苦的一趟我都过来了，还有什么困难克服不了的，我会处理好以后所遇到的问题的！"

话语间我情不自禁地走向开阔的阳台，望着景色美丽的远方，心想："女儿长大了！"

中午，一家人围坐在一起就餐，看着电视。据中央电视台及各新闻媒体报道：2012 年 7 月 21 日，北京突降暴雨，路面成河，不少车辆被淹，部分路段交通瘫痪。

根据后来北京市政府公布的灾情通报数据显示，这场雨是北京 61 年来最大的一场雨，造成 10 660 间房屋倒塌，160.2 万人受灾，经济损失 116.4 亿元，并有 79 人因此次暴雨失去生命。

第三部分　言为心声

1. 家庭环境与孩子成长

在一个人的成长过程中，家庭环境起着十分重要的作用。我们说“门里出身，自会三分”，还经常议论谁家孩子是“子承父业”，这都是在讲家庭环境对孩子成长的影响。家庭环境对孩子的影响体现在方方面面，如兴趣爱好、生活方式、处世态度、性格品质和人生追求等，并且是潜移默化、深刻久远。

家庭环境对孩子的影响不一定是积极的，也可能是消极的。孩子在一个健康积极的家庭环境中生活，则活泼开朗、向善进取、勤奋好学。相反，如果是在一个消极愤世的家庭环境中生活，则可能消沉低落、怨天尤人、不思进取。“橘生淮南则为橘，生于淮北则为枳”，就说明了这个道理，这也提醒我们家长要善于利用家庭环境，为孩子成长创造有利的条件。

一、高度重视家风对孩子成长的影响

老百姓有句话说“穷不过三代，富不过三辈”。但山西灵石静升村

王家大院能绵延几百年，跨越明清两个朝代，家运昌盛，子孙兴旺，自有其道理，很值得我们思考学习。我认为，王家有良好的家风是很重要的原因。这可以从王家大院的楹联充分表现出来，如做人方面有“先祖先贤成由勤俭败由奢岂敢相忘；后世后学幼当教养老当敬首在言行”，做事方面有“创业维艰，祖辈备尝辛苦；守成不易，子孙宜戒奢华”，等等。参观大院你会发现院院有楹联，门门有匾额，饱含浓郁的中华优秀传统文化，催人奋进，在这样的家风中长大的孩子岂能轻易堕落。

反观在改革开放中富裕起来的我们，本该为孩子的成长创造更好的家庭环境，却由于一些错误的思想观念而耽误了后代的前程。比如，不少富裕家庭花钱如流水，以致孩子成了穿名牌摆阔气的“富二代”；还有些当官的家庭爱拉帮结伙，结果把孩子熏陶成了仗势欺人的“官二代”。这都值得我们做父母的深思。

父母是孩子的第一任老师，家庭是孩子的第一所学校，家长应该给孩子创造积极进取、健康向上的家庭氛围：物质上不攀比，适度消费；学习上严要求，不断进取；目标上高标准，做最好的自己。

二、父母在孩子培养理念上要保持一致

家庭环境对孩子成长的影响可以用两个公式来说明：一是“1+1>2”；二是“1+1<0”。意思是说，如果父母形成合力，协调配合，则在孩子教育效果上远远大于两人的努力付出的简单相加，反之，如果意见相左，会让孩子无所适从，甚至伤害孩子的心灵。

做教育工作20多年，我深知有无数孩子在好的家庭环境下身心健康、成绩优异、出类拔萃，成为同龄人中的佼佼者；也时常目睹由于家长观点不一致而影响孩子成长学习的例子。有一年，在高一新生入学后不久，一个学生因厌学而多次违纪，最后提出退学申请，经过和家长深入沟通，发现原来在孩子上学问题上，父母分歧很大，妈妈少时家庭贫困，父母无力供其继续读书深造，初中未毕业即外出打工，

体会到了文化程度低、缺少劳动技能的艰辛和不易，非常愿意供养孩子上学，让知识改变命运；而父亲一家多年经商，小有业绩，富裕一方，固守养儿防老、传宗接代的旧思想，根本就不打算让孩子考大学“远走高飞”，只要求孩子能有点基础知识，守家待地，继承家业。了解情况后我分别和父母、孩子做思想工作，谈社会发展，讲竞争形势，畅想理想目标，最后终于说服孩子爸爸转变了认识，孩子也逐步坚定了学习的信心，表示要努力成为一个新时代的好学生、敢于创新的好青年。

在孩子培养方面，父母及长辈一定要加强沟通交流，取得育人理念的一致。在孩子教育上，家人要互相补台，即便是暂时达不成一致意见，也不要在孩子面前表现得过于激烈，更不能拿孩子作为筹码，把孩子牵扯到争论之中（如“听我的，不给他说了”等），进而给孩子传递错误信息。这里尤其是提醒祖孙三代之间更要配合协调，祖父母联系着家庭的过去，父母代表着美好的现在，子女代表着家庭的未来，整个家庭是一个延续的过程，如果家庭每个成员都能发挥应有的作用，则对孩子成才无疑是极大的促进。

三、父母要以身示范，做孩子仿效的榜样

在家庭中，父母的言谈举止、处世态度、办事风格对孩子的影响很大，“有其父必有其子”也印证了这一道理。曾经有一个学生经常做不完作业，要不就是敷衍了事，班主任多次教育批评也没有很好效果，家长无奈，最后把孩子送到我这里，希望我能帮着做一下孩子的工作。在谈话中，我发现孩子对父母的说法和要求不屑一顾，爱搭不理，其间孩子的一句话让爸爸非常难堪：“为什么你晚上不是打麻将就是看电视剧，而我只能写作业？”家长无言以对。我这里不是说孩子什么都应该和家长比，也不是说孩子不能做的家长也不能做，而是说家长应该给孩子树立一个好的榜样，“其身正，不令而行；其身不正，虽令不从”。可见“身教”重于“言传”。孩子放学回家后，家长就应给孩子创设一个学习的环境，一个学习型家庭环境就是孩子无形的老师。家长的榜样作用体现在多个方面：不断丰富专业知识，主动了解科技前沿知识，关心国内外时事，兢兢业业、一丝不苟做好本职工作，等等。

好的家庭环境是孩子健康成长的关键，它对孩子成长的影响不可低估。如果你为人父母，你认为自己做得好吗？请尽量不要让不良环境影响到孩子的成长。

大的社会环境我们家长难以改变，那就先从改变家庭环境开始，让家庭成为孩子成长的乐园，让家庭成为孩子休整的港湾，让家庭成为孩子成长的沃土。

2. 家长的角色

如何和孩子相处是不少家长挠头的事情。在传统观念较重的家庭里，家长习惯以长辈自居，动辄发号施令，不允许孩子说话，容不得孩子解释，结果孩子是唯命是从，个性难以展示。而在当今少子化社会，一些家庭又走向另一极端，在孩子面前，家长是一味地顺从，无原则地满足孩子的要求，甚至是俯首称臣，甘当“孙子”，以致孩子以自我为中心，我行我素，难以和他人相处，这同样不利于孩子的健康成长。

家长和孩子如何相处的问题，说到底就是家长在孩子面前应该扮演什么角色的问题。

一、家长要做称职的父母

有句俗话说得很好，孩子是父母“一把屎一把尿拉扯大的，容易吗”。这很形象地表明了父母的责任。

自古以来，从孩子来到世上，家长就要付出无尽的、无私的爱，给予孩子无微不至的关怀，孩子的吃喝拉撒睡都要关心到位。但是在当今信息发达、社会生活圈扩大、就业竞争加剧、工作压力加大的条件下，不少年轻夫妇家庭在孩子出生后不久，就把养儿育女的任务推给了长辈或雇用保姆照顾孩子，自己则像完成了一代人的任务一样去“安心”工作或过自己的生活了。我不认为这是合理的做法。

作为家长为了养家糊口当然不能放弃工作，也应该有自己的生活圈，但绝不能以工作为由耽误孩子的抚养。在心理学家看来，婴幼儿的身心健康成长，要求抚养孩子的人有很强的“母爱”之心，而且这个人最好还能固定下来，这样才能给孩子一个稳定的心理依靠。从这个角度看，简单靠雇用保姆难以给孩子一个完全的“母爱”抚养。因此，一位合格的家长即便不能放下工作全身心地照顾孩子，那也必须尽最大可能来担负必要的抚养工作，给孩子充分的关怀感、安全感。

只有父母亲自抚养孩子了，才能在孩子懂事后告诉孩子的成长过程，这不仅增强了家长的责任心，更能让孩子了解父母的不易，进而培养孩子的感恩意识。

二、家长要学会当老师

“养不教，父之过。”“家庭是孩子的第一所学校，家长是孩子的第一任老师，也是终身教师。”正因为如此，才有“孩子是父母的一面镜子”的说法。可以说，父母的一言一行都会在孩子幼小的心灵中留下很深的烙印，并会影响孩子的一生，所以家长要扮演好“老师”的角色。

第一，家长要教孩子“说话”。我这里的“说话”是表达能力，“话”是指文明话、礼貌话。

我曾遇到不少家长，当我们和学生一起谈话时，只要我一问孩子问题，家长马上就抢先回答。我难以理解，难道孩子不知道吗？肯定不是，只能说家长太过包办了。家长要学会当个老师，教会孩子说话，大胆说出自己的想法，表达自己的观点，培养孩子的表达能力，同时教育孩子礼貌用语、文明表达，尤其是在有客人的时候和在公众场合，家长要尽量多给孩子说话的机会——这就是教育。

对不少家庭来说，不是你家孩子不会说话，而是家长太能说话；不是孩子不会表达，而是家长没有给孩子表达的机会。

第二，家长要教孩子必要的文化知识。现在社会上时兴早教甚至胎教，据说有家长抱着两三个月大的孩子去上幼教课，美其名曰去培养孩子“不认生”“练爬行”“玩玩具”等本领。我不理解，难道在家里就教不会孩子这些能力，非要到培训机构花高价钱去学吗？对此我不敢妄加评论。但不管怎样，在孩子基本的学习习惯培养方面，家长绝对不能缺位，家长必须学会当老师，如抽出时间带孩子参观合适的展览，回家后让孩子听故事，指导孩子看图说话，和孩子一起锻炼动手能力，等等。等孩子上学后，还要对孩子的作业进行督查指导，并且在家里家长最好能和孩子做个“同学”，一起看书、一起阅读，学教育的新理念，学时代的新知识，一起“养成”好的学习习惯，共同进步，共同提高。

第三，家长要教孩子必要的生活常识。我总认为，家长培养孩子的目的是让他“远走高飞”。“远走”是指孩子能离开父母独立生活，闯出一片属于孩子自己的天地；“高飞”就是培养孩子比父母更优秀，让孩子能在更高平台上创业发展、施展才华。

如果家长对孩子一味溺爱和大包大揽，不给孩子讲授生活常识，不给他锻炼生活的机会，不培养他自立自理的能力，我想孩子难以成为你的骄傲，反而是你一生的牵累和放不下心的负担。

三、家长要当好孩子的监护人

我国《民法典》第二十七条规定，父母是未成年子女的监护人。但是，我经常听到家长给老师说“孩子交给你了”之类的话，随后家长便安心工作，甚至外出打工去了，好像自己摆脱了一样。尤其是孩子住校以后，当学校开家长会或孩子有事需要家长到学校沟通时，家长还会因为工作忙而委派叔叔阿姨等亲戚或长辈代表家长到校沟通，这是不合适的，也是不可能取得理想效果的，更是家长没有尽到监护人责任的表现。

当老师需要家长过来沟通孩子的事情时，家长必须责无旁贷地亲自出面。否则，因为你的监护不到位而很可能在孩子心中留下家长对他不重视的心理暗示，结果影响到孩子学习的心情。因此，不管家长做什么工作，在哪儿工作，你永远是孩子在未成年阶段的监护人，不管是孩子的文化课学习还是综合素质的全面发展，无论是孩子取得成绩后的获奖表扬还是违纪违法后的批评追责，身为孩子监护人的家长都不可缺位。

四、家长要做孩子的朋友

所谓朋友就是无话不说的知心人。

为什么家长经常说“孩子和我们难以沟通甚至对立”呢？我认为多半原因不在孩子，而在家长方面，就是家长没把孩子当朋友对待，尤其是孩子上初高中逐渐长大以后。这也是为啥孩子和同学在一块儿无话不说，而和家长相聚时没话可说的原因。如果家长能放下架子和孩子做朋友，心碰心地平等“对话”，不仅要听孩子说话，而且可以商量、允许辩解，那你的家庭就会找回曾经的和谐气氛和欢声笑语，孩子也会在沟通交流中感受到归属感，增强责任心，找到正确的努力方向。

孩子的成绩和家长的付出是成正比的，这话一点儿不假，这种付出不仅是时间的付出，更是责任的付出。一位合格的家长就要尽到父母的责任，扮演好老师角色，当个合格的监护人，善于做孩子的朋友。如果家长能扮演好这些角色，那孩子的优秀就不用担心了。

3. 别把“赏识教育”的经念歪了

近些年，赏识教育理念被极力赞扬和推崇，“好孩子是夸出来的”成为一些家长和学校培养孩子、教育学生的法宝。但是由于个别老师、家长错误的理解和媒体片面的宣传，夸大了赏识教育的作用，使赏识走向极端，导致一些孩子在家吵不得，在校说不得，甚至有的孩子稍有不顺和挫折（别说委屈）就做出过激行为，和家长反目成仇的、负气出走的、轻生离世的不时见诸报端。

赏识教育的本质是对生命的尊重教育，是爱的教育，是充满人情味、富有生命力的教育。它指的是大人要赏识孩子的行为结果，以强化孩子的行为；赏识孩子的行为过程，以激发孩子的兴趣和动机；创造环境，以指明孩子发展的方向；适当提醒，以增强孩子的心理体验，纠正孩子的不良行为。由此可知，赏识教育不只是表扬加鼓励。

那么我们应该怎样对孩子实施赏识教育呢？我认为正确的赏识教育应把握以下原则。

一、既要赏识孩子的优点，也不要忽视孩子的缺点

在和家长的交往中，常常会听到家长对孩子的某方面表现出极力的肯定和夸奖，诸如“我孩子数学可好了，经常考满分”“我孩子喜欢语文，多次参加作文比赛获奖”“我孩子天生一副好嗓子，喜欢唱歌”，等等。我毫不怀疑这些都是孩子的长处，更是家长的骄傲和自豪所在，但如果家长只欣赏孩子优秀的一面，尤其是当着孩子面一味地夸奖，甚至作为炫耀的资本，则很容易导致孩子的自我膨胀、骄傲自大，甚至飘飘然，致使孩子找不到自己的位置，影响孩子的全面发展。

“金无足赤，人无完人”，如果说家长善于发现孩子的特点和优势并加以赏识是给孩子成长的自信，那么善于找出孩子的不足则是完善提高的前提。所以说在你夸奖孩子的优点同时，务必还要适时指出孩子需要完善和提高的地方，这才是对孩子正确的赏识教育。

二、既要赏识孩子取得的成绩，又要指出孩子存在的问题

如果说第一个原则是正确赏识孩子的特长，那这一点则提醒我们要正确赏识孩子平时的努力。

北宋思想家王安石有篇文章叫《伤仲永》，很形象地说明一个天资再好的孩子，如果缺少了持续不断的努力学习，也不可能得到进一步发展，结果只能是碌碌无为。在面对孩子的成绩上，有的家长只要看到孩子有一点点进步就轻易地大加夸奖，我认为这未必妥当。我不止一次给家长说，孩子成绩如何不要只看最后的结果，更要看他的努力程度。如果尽了最大努力，哪怕是一点点进步也要肯定鼓励，但是如果没有尽心尽力，即便他有不小的进步，也要在给予表扬的同时提出更高要求，否则孩子必然是满足于现状，止步不前，结果离“泯然众人矣”也就不远了。因此家长一定要在充分了解孩子学习态度、学习结果的前提下适当地、合理地赞赏，必要时给孩子提出进一步要求，不满足于已取得的成绩，在“使其学”的过程中体会正确的赞赏教育的积极效果。

三、既要对孩子正确的举动大加赞赏，又要对孩子错误的言行毫不客气地批评指正

在孩子成长的过程中，家长必须对其行为习惯进行正确的引导，而赞赏就是很好的引导方式。当孩子平时在行为习惯上有积极的表现，如当孩子对他人的帮助说了声“谢谢”，对自己不合理的举止说了声“对不起”，对需要帮助的人伸出了援助之手，对弱势人群能慷慨解囊时，家长一定要及时对孩子给予赞赏，“真懂事”“好孩子”“家长为你感到高兴”“他们会感激你的”等赞誉之辞要毫不吝啬地说出来。相反，一旦孩子做出了不妥举止时，家长要及时制止，甚至要严厉批评。

有报道称，某学校在推广赏识教育时给教师定下规矩：“不准批评和变相批评孩子，不准向家长说孩子的坏话。”这完全是对赏识教育的曲解，只能使教育误入歧途。

四、要给孩子物质上的赏识，更要给孩子精神上的表扬鼓励

一些家长在对孩子的赏识教育过程中，固然有言语上的赞赏，但更多的则是物质上的奖赏，什么“好吃的食品”“名牌的服装”“电摩”“游玩”等，都成为一些家长的手段。其实物质上的奖励可以有，但必须用之有度，用之有益。对婴幼儿和少年儿童而言，由于其思想认识水平有限，精神上的鼓励有时难以取得好的效果，因而物质奖励非常重要，一个糖果、一包点心、一瓶饮料、一件漂亮的衣服、一个玩具等都是对孩子的肯定，并可以激发孩子的兴趣。所以，对于这个年龄段的孩子，父母可以采用适当的物质奖励的手段，来强化孩子的好习惯和好行为。但是，随着孩子年龄的增长，其认识水平逐步提高，精神需要日趋明显，简单的外在物质奖励越来越难以激发孩子内在的上进动力，因此物质奖励必须减少直至取消。曾有人说：孩子上幼儿园时，表现好了，家长答应奖励吃肯德基；上小学时，考好了，家长奖励买身新衣服；上初中时，考好了，家长奖励买辆赛车；上高一时，考好了，家长奖励买辆电摩；到了高二，家长问孩子：“你考好了想要啥?”孩子说：“我啥也不要了。”结果也不认真学了。尽管这只是个笑话，但很生动地说明物质奖励的局限性。因此，随着孩子年龄的增长，精神上的赏识越发重要，当孩子取得优异成绩时，家长一个满意的微笑，一个温情的拥抱，一个众人面前的夸奖，一次积极踊跃的到校参加家长会，都会带来意想不到的教育效果。

赏识的目的是表扬孩子的成绩，激发孩子的斗志，坚定孩子的信心，促使孩子更好发展、全面发展，而不是满足于现状，满足孩子的虚荣心，更不是带来孩子的骄傲自满。

正确的赏识教育应该是赞扬和指导的结合、肯定和批评的有机统一，而不是一味地夸奖。如果说表扬和肯定是对孩子的鼓励和引导，那么，善意的批评又何尝不是给孩子指明了前行的方向呢？“良药苦口利于病，忠言逆耳利于行”，只有在鼓励肯定的同时给予孩子必要的指导和批评，才能让孩子成为一个人格健全、充满自信、素质全面、敢于担当的好孩子。

4. 浅议“不要让孩子输在起跑线上”

同事们在一块儿聊天，不知不觉又聊到了孩子的教育问题。一个人说，他们邻居家孩子还不到一岁，最近在参加什么早教活动，妈妈抱着孩子定期到外面听专家讲座，理由是不想让孩子输在起跑线上。

“不要让孩子输在起跑线上”是不少家长和教育工作者挂在嘴边的一句话，它是谁最先说的我不想查证，它是教育界的名言还是谎言我不想去评论。但我相信，说这句话人的初衷应该是提醒家长要注意从小对孩子的培养，不要错过教育的最佳时期。可是在实际的传播和宣传过程中，其内容却被一些人误解、曲解，甚至被别有用心的人利用，成了商业运作的宣传口号。

那么我们应该怎样正确理解这句话的内涵，进而做好孩子的培养和教育工作呢？下面谈一下我个人的看法。

一、不能输在起跑线上，但也不能抢跑

哲学上讲，世界是不以人的意志为转移的、客观存在的物质世界。当然人的成长发展也有其自身的规律，在每个年龄段都有其生理特点和学习优势，所以一个人能力的培养和教育的内容也要适时跟上，一旦错过就难以弥补。从孩子的成长过程来说，教育可以分为胎教、早教、幼教、中小学和大学教育等阶段，各阶段教什么，怎么教，这都是学问。尽管我不是教育专家，但最基本的教育方式还是了解的。胎教就是多听，早教应该多看，幼教就要开始培养孩子动手能力、写字算数了，再往上是不是应该培养孩子的分析思维辨别能力了。

而对一个几个月大的孩子来说，大人抱着他听“专家”讲座，我总感觉有点拔高超前，只能是催眠课，倒不如抱着孩子走出家门，多转转，多看看。

在我家孩子几个月的时候，家人经常抱着他出去。记得在正月十五前后的一天晚上，我抱着孩子到楼下看临街门市前悬挂的大红灯笼，在微风吹动下，灯笼摇晃，灯光闪烁，孩子瞪着眼看得非常入神。再后来，我们专门给孩子买了几本动画书、小人书教孩子指认，有时还买些物品来创设语境，加以启发。上幼儿园后，几乎每天晚上是让孩子听着妈妈讲着故事入睡。这难道不是孩子大脑的开发和记忆力的培养吗?

有句话说得好：“欲速则不达。”我们可以在孩子成长的不同阶段做到提前谋划，因势利导，但不能拔苗助长，否则只能是事与愿违。家长不能让孩子输在起跑线上，但也不能抱着孩子违规抢跑，否则就失去了孩子快乐的幼年和童年，也不利于孩子的成长。

二、家长不能只看到起点，更要找到终点

“起点”固然重要，但“终点”才是衡量孩子是否成才的标准。

人生不是百米竞赛，从起跑就冲刺，而是一场马拉松赛，需要体力，要有耐力。我们知道，短跑比赛可以说从起跑就能看到终点，甚至可以说起点决定终点，但长跑比赛需要运动员在体力上合理分配、整体考虑，在竞技战术上还要科学安排、统筹规划。在比赛过程中，关键点要咬牙坚持，必要时要加速超越，最后阶段要全力冲刺。孩子的培养何尝不如此?可是一些家长不顾学习的规律，不考虑孩子的接受能力，在孩子学龄前就加班加点辅导，上学后给孩子报的补课班及兴趣班更是满满的，结果孩子不仅学不过来、接受知识困难，还常常

受到家长的责备和埋怨。这就是为什么有的孩子起跑领先，但不一定在终点第一个撞线的原因。因此，家长在孩子的培养上，不要只盯着起点，更要找到终点。不能让孩子是百米冲刺的精疲力竭，而应该是马拉松赛跑结束时的微笑和庆贺。不能让孩子输在起跑线上，但也不能让孩子累趴在起跑线上；要赢在起跑线，更要赢在终点线。

三、人生比赛不是单项，而是全能比赛

中国人历来对文化成绩非常看重，“分分学生的命根”，似乎学习好、考上个好大学就有了一切，甚至还认为“学而优则仕”。于是千军万马都来过高考这座独木桥。如果社会和家长没有正确的人才评价标准，则只能是一天到晚盯着孩子的文化课学习这一单项内容。

从孩子的成长发展来说，智力开发毫无疑问非常重要，文化成绩优秀是重要考核指标。但是既要有书本知识，又要有动手能力；既要有专业知识，又要有综合素质；既要有智商，又要有情商，培养孩子德智体美劳全面发展才是社会对人才的呼唤。所以一个真正负责任的家长要知道，体育比赛上有田径项目和球类项目等，社会上对人才的要求不仅看学历，更要重能力，那么我们对孩子的教育不应该只是文化课考试，还要从道德品质的培养、良好习惯的养成、动手能力的锻炼、体育艺术等综合素质多方面培养。

四、人生时时有起跑线

心理学家通过分析发现，人的表达能力应该从 1 岁开始培养，节奏感应该从 2 岁开始培养，绘画动手应该从 4 岁开始培养。国家为什么规定小学一年级从 6 岁开始，那是有科学依据的，是按照人的生理机能和接受能力安排的。

人生漫长，不只是牙牙学语的语言类知识学习，随着年龄的增长，还要有社会科学知识和自然科学知识的学习。生活上还要由依靠父母到渐渐独立和成家立业。因此说教育不能一步到位，培养孩子不要超前，人生处处是考场，人生时时在起跑，每个阶段都有该做该学的内容。把人的一生每个阶段该做的事情做好就是最好的教育。

“不要让孩子输在起跑线上”是家庭教育的金玉良言，是教育界的至理名言，请不要误解和曲解，影响孩子的正常发展。

5. 家长应该怎样和孩子沟通

一天，某班主任给我说，她班上一名学生在学校多次违纪，教育效果也不理想，于是班主任把家长约到学校想探讨一下怎样配合着做做孩子的工作，谁知谈话过程中爷儿俩没说了几句，孩子就对他爸说的话很反感，最后气冲冲地说：“你给我闭嘴，别说了，我都听烦了!”于是家长立马停了下来，沟通陷入僵局。后来家长告诉班主任：“孩子根本不把我当爹看待，很难沟通，真是话不投机半句多，不知该怎么办。”

大人和孩子无法沟通，孩子固然不对，如果再对家长顶撞发脾气那更是不懂事。但不能简单地把责任全推到孩子身上。据我了解，凡此情况不少是因为家长固有的“老子天下第一”等错误思想，导致双方沟通难以进行。那么家长应该怎样和孩子沟通呢?

一、家长要给孩子说话的机会

中学生经过几年的学校生活和课内外知识的学习，社会知识面拓宽，对身边事情的看法逐步加深，渐渐地有了自己的世界观、价值观，因此到了中学阶段，家长再也不能把孩子当作懵懂无知的幼童了，一定要善于倾听孩子的心声，给孩子表达意见的机会，这样也能增强孩子对自己和家庭的责任心，否则可能会导致孩子对父母的逆反情绪，造成孩子和家长之间关系的冷淡，严重者导致冲突现象的发生。

“当孩子不把你当爹时，也许是因为你太把自己当爹了。”

曾经有个学生在文理分科半年后，向老师提出了调科的要求，原因是自己实在对某学科不感兴趣。问其原因，说当时家长私自做主，不考虑孩子的兴趣，听不得孩子想法，说什么将来学某学科好找工作，等等，结果现在孩子实在是坚持不下去了。

二、家长要给孩子提出建议

不管孩子有什么想法，毕竟他还没有步入社会，即使能言善辩、理由充分，其理由和道理也只是道听途说、“纸上得来”，少有亲身感受和直接经验。俗话说得好：“大人走过的桥比孩子走过的路还长。”因此，家长在和孩子沟通时要心平气和地、严肃认真地、信心满怀地给孩子提出大人的想法，和孩子真诚地交换意见，不要简单地说“我尊重你的意见”。如果这样，我认为不是尊重，反而是家长对孩子不负责任的表现。

在我和家长及学生的交流中感受到，如果家长能在尊重、和谐的家庭氛围中和孩子进行沟通，一般地孩子还是很乐意接受家长的合理化建议的，否则效果会适得其反。

这里我想和家长提个醒，在和孩子沟通以前，父母间最好能先商量一下，形成一致意见，给孩子传递出共同的声音，增强父母意见的可信度。如果家庭沟通时一时达不成一致意见，那可以暂时停止沟通，保留各自意见，随后再做进一步“论证”，绝不能把孩子当作父母一方“获胜”的筹码。

三、在沟通过程中做到民主决策

我认为，在家庭中能做到民主决策不仅是家庭和谐融洽的体现，更是对孩子最大的尊重。

我们让孩子发表意见、谈谈看法，其根本目的是家庭在对涉及孩子的问题上能做出科学合理的决定，以便孩子沿着正确的方向前进。那么，什么是正确的沟通？正确的沟通应该是家长和孩子都能各抒己见，同时家长做好正确引导，然后成员能民主决策。这就要求家长放下架子，改正“老子天下第一”的错误思想。如果真的是谁也说服不了谁，那最好的办法是听一下老师等“内行”的意见和建议，师生如父子嘛，这样也许能使各方心服口服，进而去踏踏实实地执行落实。

对于一个高中的孩子来说，在涉及自己的事情和家里的事情时，他绝不是不想说，也不一定是不会说，而往往是家长没有给他说话的机会；在有些问题上孩子不是不想沟通，而是家长没有给他沟通的气氛。如果父母能改变一下观念，那么，一个乐观自信、勇于负责、为美好理想而不懈努力拼搏的孩子就会在你身边！

6. 家长要学会当外行

周末大休，是学生在学校一段紧张的学习生活后，回家放松休整的好机会，也是父母和孩子思想交流的好机会。谁知学生回家的第二天中午，一位家长就给我打来电话说：在家里他和孩子杠上了，气得他无所适从，甚至差点儿打了孩子，强忍住没有动手，孩子现在不理他。无奈给我打来了电话，问我咋办。

我问到底是咋回事，原来是家长和孩子因为高考选科分班的事，意见不一致吵了起来。

随后，我好说歹说把他们一块儿约了过来，经过我和家长、孩子各自的耐心解释、沟通引导，最后他们又坐到了一起，孩子理解了家长并认了错，家长也尊重了孩子的选择，这事儿总算缓和了下来，。

我觉得，一名中学生，他对社会逐渐有了自己的看法，独立能力也逐渐增强，自尊心也渐渐树立。如果家长现在再强求孩子做什么事，那么他的抵触心会很强，家长想马上扭转孩子的一些想法也不是那么容易的事。

怎么办？这时家长要勇于放下架子，和孩子平等沟通，必要时装作外行，借助外力，向内行人请教，这时就可能起到很好的沟通效果。

我们说，闻道有先后，术业有专攻，隔行如隔山，不同的行业有不同的理论知识和变化规律，需要我们尊重和理性对待。比如在孩子的培养教育方面，说实话，不少家长的做法确实让我难以认同，再加上有的家长对孩子的溺爱顺从，当家长给孩子就某个问题提出要求时，如果不合乎孩子的想法，那他对大人的要求很难接受。这时就需要有正确恰当的方式，有时，可能是同样一句话，如果家长说，孩子可能不信，别人说可能会相信，所以必要时家长可以借助外力，求助内行，这时的内行应该就是老师或者其他的教育行家里手。

那么，家长怎样借助外力做好孩子的教育引导工作呢？

1. 家长要提前和行家里手做好沟通。这样，一旦家长和孩子就某个问题达不成一致意见时，就要在合适的时候给孩子说："我们家长也不怎么懂，要不咱征求一下××的意见，然后再确定？"这时，即便孩子不怎么同意，那孩子的气也会消很多，因为你没有当面儿驳回，既给了他自尊心，又有了商量的余地，不使局面难看。如果孩子同意和××沟通，那结果就可想而知了。

2. 家长要静下心来听孩子说出内心的想法。随着孩子年龄增长、知识面拓宽，他逐渐有了自己的人生追求和价值判断，尽管有的孩子可能会给家长提出不合理要求，做出让家长着急的事，但是我们要相信，他是懂得点儿做人、做事道理的，只要你能放下家长的架子，不要居高临下、凌驾于孩子之上，能尊重他，和他平等对话、耐心沟通，就一定能唤起他内心的良知和感恩的心。

"哪里有压迫，哪里就有反抗。"对一个中学生来说，也许你的压力永远压不住他的反抗精神，反而你的尊重和必要的妥协还能给他一个台阶儿，这时家长学会当外行，听一下孩子的意见，征求一下内行的建议，最后尊重孩子的想法，让他对自己的选择负责，也许这是最好的处理问题的方式。

我觉得，在培养教育孩子问题上，家长有时当个外行又何妨！

7. 孩子厌学怎么办

孩子厌学不是个别现象，一旦出现是家长非常头疼的。

望子成龙，望女成凤，可以说每个家长都对孩子付出很多、寄予厚望，正因为如此，家长一旦发现孩子对学习失去了兴趣、消极对待，可想心中是何等滋味。要解决孩子的厌学问题，首先要弄清楚孩子厌学背后的原因。

一、大搞应试教育让孩子迷失了方向

社会的竞争是人才的竞争，人才的竞争是教育的竞争，但教育的竞争不只是考试的竞争。可是，在现有不健全的教育竞争大环境下，一些学校背离了教育的初衷，大搞应试教育，简单地把文化考试成绩当作衡量学生成才的唯一标准，“分分分，学生的命根”“提高一分，干掉一千”就是真实写照，于是当学生的成绩停滞不前甚至下降时，个别学生便逐渐产生畏难情绪，学科兴趣降低，积极性不高。

作为学生，不可能没有考试，毕竟考试是检验学生知识掌握程度和学科能力的重要手段。但有考试不等于搞应试教育，孩子的兴趣爱好不同，思维习惯有别，有的喜欢形象思维，有的偏爱抽象思维，有的记忆能力强，有的逻辑思维强，如果家长和老师不考虑孩子的年龄阶段和个性特征，简单地、一味地给孩子提出不切实际的文化成绩要求，就不可能做到因材施教，且很有可能挫伤孩子学习的积极性，进而产生厌学情绪，严重者辍学离校。

二、家长对学习的态度影响孩子的情绪

在对学习的态度上，可以说家长有两种截然不同的表现：一是认为只要学习好、考上学就有了一切，“书中自有黄金屋，书中自有颜如玉”。尽管对这一观点不敢苟同，但在这样的家庭氛围中生活的孩子，学习热情往往比较高，动力也强。当然，如果家长给孩子的期望值过高，也有可能让孩子产生厌学情绪。二是有家长受身边的暴发户的影响，对文化科学知识的价值估计不足，甚至还有固守“知识无用论”错误观念，常说考不上学又咋了，反正现在大学毕业也不包分配！你看谁谁谁当年没上大学，现在却收入颇丰，生活殷实，而又有多少大学毕业生在为生活奔波，辛苦劳累，等等。可以说，有这种想法的家长缺乏对社会经济发展的全面了解，没有看清新时代背景下社会竞争的实质，那就是：一个没有知识、缺乏能力的人是难以跟上快速发展的社会步伐的。如果家长这样的错误思想不时地作用于孩子，那孩子离厌学、逃学也就不远了。

三、家长对孩子不合理的定位致使孩子产生厌学情绪

如果说应试教育是社会和一些学校加于孩子的不合理导向，那么，家长对孩子的过高期望则是孩子厌学的内部原因。有的家长不能给孩子一个客观的定位，总是把孩子某次超常发挥的考试成绩错误地当成孩子的正常水平，以致每次考试后都和这次超常成绩相比，动不动就批评指责、唠叨埋怨，孩子在失败和挫折的心理阴影中学习生活，久而久之，因成绩难以满足家长的期望而悲观厌学。

另外，家庭和学校的某种突发事件也有可能伤及孩子的心灵，使其产生厌学情绪。如家庭成员的吵闹不和或突发事故，使孩子失去了温馨的家园和心灵的依托，以致学习动力丧失，产生厌学。还有就是老师或同学在言语上对孩子的讽刺挖苦、嘲笑蔑视有可能伤及孩子的自尊心，打击其自信心，使孩子内心受到创伤，产生了厌学情绪。

那么该如何克服孩子的厌学情绪呢？我认为需要从学校和家庭两

方面来解决。

第一，加强对孩子的正确引导，明确学习的意义，培养孩子的学习兴趣，激发孩子学习的动力。在竞争激烈的市场经济背景下，没有知识、缺乏技能，必将被社会淘汰和边缘化，尽管我们周围有不少人没有经过大学深造而仍然有所作为，但这并不能简单地推断他们没有知识，缺乏素质。当然也不能否认在改革开放初期产生的“时势英雄”。但是必须懂得，当中国特色社会主义建设步入常态化后，如若再想干“大事”、成“英雄”，则缺乏知识和能力是难以想象的。一个人无论是投身到大众创业、万众创新的社会浪潮中，还是委身于他人旗下，缺乏知识都难有立足之地。

第二，给孩子一个合理定位，让孩子在健康的心态中学习。对一个处于成长发育中的孩子来说，“失败是成功之母”这句名言值得商榷，反而“成功才是成功之母”很有道理。幼小的心灵需要用肯定加以鼓励，脆弱的心理渴望用不断的成功来激发潜能。家长给孩子一个正确的定位和目标，有助于对孩子每次成绩做出正确评价，保持孩子学习的积极性和主动性。

第三，强化家校沟通，对孩子学习、生活上出现的问题及时疏导。我认为：懂事就是做他该做的事，幸福就是做他想做的事。让学生愿意学习、享受到学校的快乐，则任何孩子都不会厌学。因此，一旦家庭内部出现分歧、师生之间发生误会和隔阂，孩子有迷恋游戏等不良倾向或者和同学之间发生矛盾等，都有可能对孩子的学习产生不良影响，这就要求作为负有孩子培养教育责任的家长和老师经常沟通、密切配合，尤其要善于从孩子的言谈举止、同学交往上发现问题，及时教育引导、解决问题，克服孩子的消极情绪，使家庭和学校成为孩子心灵的港湾、学习的乐土。

当孩子每天都能享受到学习的快乐时，我们就会看到他灿烂的笑脸和成功的喜悦！

8. 不要轻易定性为心理和精神问题

在市场竞争加剧、就业压力加大、家长期望值过高、教育内卷严重的环境下，心理焦虑紧张的学生越来越多，甚至出现了不少的悲剧事件。如何处理学生在学习和生活中遇到的紧张焦虑问题，我认为不要轻易地给学生定性为心理和精神问题，否则达不到预期的教育效果。那么当学生遇到类似问题时该如何解决呢?

一

2021 年 3 月的疫情防控期间，学生不得不居家上网课。

一天，我突然收到一条微信：“老师，我是×××，你还记得我吗?”“我最近心情很不好，不想听课学习，也不玩手机，非常焦虑，一个人在家很孤单，特别爱哭，有时出门下楼走着走着就特想哭，想跟你说说话行吗?”

这是明显的心理焦虑，如果不及时开导，发展下去后果会很严重。我不敢丝毫犹豫，故作放松关心地马上回复道：“当然记得你了，好像我还在课上提问过你呢!”“请说吧，电话微信都可以，怎么方便你定。”然后我把电话号码发给了她。

在后来的两三天里，她和我发了几十条一共 2000 多字的微信，把她这一年多来因为学习成绩等原因和父母关系恶化的情况详细说了一遍，她说这期间她甚至还有过轻生的想法。

经过我和该生耐心细致的微信沟通、引导，最后她给我发了一个漫画表情包“2021 我一定上岸!”，还让我听《落在生命里的光》这首歌，这时我悬着的心才落了下来，因为我知道她已经从焦虑失落的情绪中走了出来。

二

我认为，如果我们做学生的心理工作又不了解学生的心理，肯定做不好工作。根据我多年的教育经验，对于学生的思想心理出现问题时如何解决，我的建议是：

1. 要尊重孩子，及时和孩子坦诚沟通。

随着孩子的成长，他也越来越需要得到别人的肯定和尊重，这时家长要学会由“管孩子”到“听孩子说”再到“能和孩子平等交流沟通”的转变。那种“一言堂”式的封建专制式家庭环境和让学生“低头”“闭嘴”“少说”的应试教育校园管理要求，只能造成孩子心态的扭曲，最后孩子可能发展为少言寡语、独来独往、封闭压抑、焦虑紧张乃至精神失常。

在和孩子沟通过程中，我们要注意方式，尊重孩子的意见，需要谁回避的就回避一下；在沟通谈话过程中引导孩子正确看待自己和他人、成功和失败、顺境和挫折，客观理智地对待学习和生活中遇到的问题，做孩子“生命里的一束光”。

也许当我们让孩子能敞开心扉、把心里话说出来，然后帮孩子解开心结时，那孩子就会走出认识困惑，进而迈向宽广美好的人生大道。

2. 当孩子有厌学、焦虑等不良情绪时，家长不要轻易给孩子定性为“心理精神问题”。

我认为，所谓心理精神问题，按程度轻重可分三个层次。即：认识问题、心理问题和精神问题。“认识问题”只要我们能和孩子交流、解释、疏导，让孩子正确看待生活和学习中遇到的问题就能解决，不需要找心理医生什么的。如果真的发展为“心理精神问题”了，才需要吃药稳定，但吃药不是长久之计，毕竟药有依赖性，还需要沟通引导。如果再严重成“精神疾病”了，那就必须按大病治疗了。

实际上学生的大部分所谓的心理问题只是思想认识问题，只要我们教育引导到位都能做通工作。但是据我所知，现在孩子只要有心理紧张、焦虑现象，不少家长就认为是心理精神问题，于是就带孩子做心理辅导。

我觉得当孩子有紧张焦虑问题时，如果轻易地找心理精神医生看病、做心理测试辅导，甚至吃药，则可能会让孩子对号入座，放大问题，加重孩子的心理负担。在我和学生的谈话沟通过程中，经常有学生说：我做过心理测试，医生说我有什么症等等。结果有时使我和学生的谈话沟通难以正常进行。

所以说，做学生的教育疏导工作，必须首先了解学生的心理，找到问题的根源，采取正确的方式，否则不仅解决不了孩子的紧张焦虑问题，实现不了教育、引导和治疗的目的，反而会适得其反，使孩子的认识心理问题越来越严重。

9. 孩子要开学，家长有事做

当秋风吹来，酷暑离去，我知道孩子该开学了，顿时脑子里出现了新学期学生开学报到的情景：有踌躇满志的，有忐忑不安的；有欣喜若狂的，有胆怯退缩的；有对学校生活期待已久的，有和父母在一起恋恋不舍的。经过了一个漫长的暑假，孩子的心理必然发生微妙的变化，如果开学前家长不能和孩子及时沟通，必然影响到新学期孩子的心理状态和学习效果。

新学期开学报到不仅是孩子个人的事，家长也有工作要做。

一、开学前和孩子谈谈心

孩子毕竟还是未成年人，心智不成熟，没有社会阅历，在心理上表现为玩心大，自制力差，开学后容易分心走神，难以尽快投入学习生活中。在学习上表现为如果上学期成绩优异得到表扬，处在顺境时，就沾沾自喜，产生骄傲情绪。反之，如果成绩差受到挫折和打击，身处逆境时，常常一蹶不振，甚至自暴自弃。在新学期，面对新环境、新知识、新老师、新同学，有些孩子难以尽快适应，因此家长必须在开学前和孩子静下心来深刻分析可能遇到的问题，总结上学期的得失，指出方向，明确要求，让孩子有备而去，确保有一个良好的开端。

在和家长的接触交流中，我发现家长在对待孩子的表现上有两种错误倾向：一是一味地夸奖孩子上学期取得的成绩和获得的奖励，什么孩子的语文特好啦，在哪儿哪儿发过文章啦，要不就是夸孩子的数学优秀，拿过什么奥数奖，或孩子画画有天分、跳舞是特长，等等。或走向另一极端，那就是把孩子数落得一无是处，在学校不听讲、上课走神，回家不懂事、玩手机，和第一名差距多大，家长拿孩子没法儿，等等，尤其是同客人同事说个没完。我认为这都是错误的看待孩子的方式。学生往往有很强的可塑性，家长说的每一句话可能都是对孩子的评价和引导，说者无心，听者有意，当你肯定孩子学习刻苦努力，又夸奖孩子成绩优秀时，他知道成绩是通过刻苦努力取得的，今后会加倍努力。当你一味地对孩子当众批评，看不到孩子的优点时，他肯定无颜面对，必然是破罐子破摔。家长切记一条原则，那就是人前多夸孩子，少批评指责孩子，但回家后在和孩子单独谈话时，务必在肯定孩子成绩和优点的同时，指出今后改进的方向，并一起制订改进计划。

还要提醒家长的是，一定要让孩子全面发展，不要偏科，无论小学还是高中阶段，家长都不要以孩子的某一两门学科优秀来掩盖孩子的弱科，只有语数外、理化生、政史地乃至体艺等全面发展、齐头并进，才能给孩子可持续发展一个强大的动力和坚强的后盾。管理学上的木桶理论正说明学科全面发展的重要性。

只要家长用心，孩子在新学期一定会有一个让你惊喜的变化。

二、认真检查孩子的暑假“作业”，做出正确评判

暑假是学生一个学期紧张学习后的休整期，在整个假期，学生既要完成必要的暑期文化课作业，还要参加社会实践活动，将课堂上学到的科学知识拿到现实生活中检验运用，做到知行合一，而且还要抽出几天时间领略祖国大好河山，体会源远流长、底蕴深厚的中华文化，做到在“游”中“学”。如果家长单纯地把课本作业作为孩子暑假作业的完成情况加以评判，那是以偏概全，甚至对孩子是误导。有的学校给学生的暑假作息时间安排像在学校一样精确到几点几分，而且互相监督向组长汇报，我认为是典型的应试教育思路。

对孩子暑假作业的检查，不仅要检查是否做完、是否认真、正确与否，更要在检查后给出中肯的评语和意见或建议。家长不要认为写作业是孩子个人的事而不闻不问，别忘记他还是孩子，自我约束能力较差。也不要以你的工作繁忙等为借口，忽视对孩子作业的检查，因为对孩子监护是家长的责任，而你的认真就是孩子最好的榜样。

当家长对孩子的假期各项“作业”检查完后，最好要求孩子就假期作业完成情况、社会所见所闻写写认识、谈谈体会，说说新学期展望，让孩子满怀信心地迎接新学期的挑战。

三、给孩子在新学期设定一个合理的奋斗目标

新学期，新环境，新同学，新目标。无论是小学、初中、高中的新生入学，还是升入更高年级，新学期开学季都是对学生进行引导、启发的教育契机，如果教育方法得当，教育内容合适，一定会起到事半功倍的教育效果。家长绝不要错过这一教育契机，而且要从“做学问”“做人”等方面给孩子提出明确的、切实可行的努力方向和奋斗目标。

对学习和生活习惯好、文化成绩优秀的孩子，家长要多加鼓励和肯定，让孩子坚定信心、戒骄戒躁、不断完善，鼓励孩子做同学学习的榜样、老师心目中的楷模，继续保持并努力扩大优势。而对学习成绩差、行为习惯不好的“差生”，要善于发现孩子身上的闪光点，通过闪光点给孩子以信心，同时严肃认真地指出孩子的缺点和不足，提出明确的改进措施。

家长对孩子新学期期望和要求一定要具体可行，严格明确，如在学校里的听课要求、笔记要求、作业要求、考试要求等；如果住校还要包括作息时间安排、自理自立能力培养、如何处理同学关系等，以及回家后的手机让不让用，如何用，电视让不让看，什么时间看，等等。

也许，家长对孩子的一个肯定会让孩子看到自己的价值和意义，家长对孩子信任的眼神，会促使孩子重新扬帆起航，改变今后的发展轨迹，家长和孩子共同制订的切实可行的学期计划，会让孩子感觉到新学期不是自己在孤军战斗，而是有父母家人的协同奋进、加油助威。

新学期需要改变的不仅是孩子，还应该有家长。

四、家长要做好配合学校和老师的思想准备

有家长在聊天时说："孩子上高中了，全住宿了，我可算熬出来了。"好像孩子上学（住校）后家长就没事了。我们说，内因是事物变化的根据，外因是变化的条件，前面讲的家长和孩子谈心、订立目标、制订措施等都是强调开学前要做孩子的工作，努力促使孩子自身的改变。但是，良好的外部环境和氛围又是学生进步和健康成长的必要条件，不少家长对家校配合的意义没有给予足够的重视，认为把孩子交给学校就万事大吉，一旦有问题就指责老师、怪罪学校。这种想法是错误的。

作为教师，我可以说绝大多数老师能平等对待每一个学生，当老师接手一个新的班级，他一定希望班里每个学生都能向善、懂事、好学，希望每个孩子都是勤奋刻苦、追求上进，可以说不会嫌弃任何一个孩子，更不会抛弃任何一个孩子，即便学生违纪犯错，老师也会本着极力挽救的出发点去批评教育直至处分。当然，任何人都有情绪，包括孩子的老师。

随着孩子的成长，独立意识增强，家长配合学校和老师做工作日显重要。小学阶段的学生还好，在家依赖家长，到学校听从老师，只要“管”好就行。但是升入初高中后，孩子渐渐进入青春期，想独立又没有能力，个儿头长大但没有阅历，不轻易服从老师，更不愿意顺从家长，多数情况下，家长在说服教育孩子上已力不从心、无能为力，而孩子在生活、学习上遇到问题时往往无所适从，又羞于“请教”他人，这时老师也许是孩子最好的倾诉对象。正因为如此，孩子升入中学后家长唯一能做的就是密切配合老师，配合学校，在内行人的导演下，当好演员，共同演好促使孩子健康成长、严格自律、勤奋好学、懂得感恩、全面发展的大戏。

新学期开学了，请家长和孩子一起努力！

10. 父母的爱，我想说清楚

这个暑假期间看见的两件事给我印象深刻，同时也一直在思考着一个问题——到底父母对孩子怎样的爱才是真正的爱？

一

一件事是新生在操场军训报到后，教官安排学生到宿舍整理床铺。由于是暑假期间，天气较热，学生没必要携带太多的生活用品，为了培养学生的生活自理能力，教官规定家长把孩子行李放好后自觉离校，所有行李由学生个人带到宿舍。

随后我到女生宿舍楼下看学生的表现，应该说多数学生按规定携带了适量的用品，但也有个别学生的大包、小包、拉杆箱等物品太多，一趟拿不完，还需要返回操场再拿。

我上前问一个学生：“你怎么拉一个皮箱还背两个大包，都带什么东西呀?”

孩子吃力地笑着说："这个包是我的个人生活用品，这个包是家长给我买的吃的东西，拉杆箱里面装的是被褥。"

要知道，军训可只是一周时间呀！而且学生是在学校封闭管理，统一安排吃饭的，家长至于给孩子带那么多东西吗？

第二件事是军训第二天，我到宿舍检查学生内务。我专门查看了一下那天的天气预报，室外温度是32度。但是我发现有学生床上的被子厚得令人难以置信，难以整齐地叠到一块儿，宿管老师开玩笑地说："一看就是亲娘给孩子做的！"

我调侃道："你们说错了，绝不是亲娘做的，这大热的天，亲娘忍心让孩子盖这么厚的被子吗？捂出痱子咋办？应该是后娘做的！"

二

有一首歌唱到："……这就是爱，说也说不清楚；这就是爱，糊里又糊涂。"

那么，父母对孩子的爱到底能不能说清楚呢？今天我想说清楚什么是真正的母爱和父爱，否则家长对孩子所谓的真爱弄不好就成了真害。

1. 真正的爱既要反映在物质方面，更要体现在精神方面。

"人是铁，饭是钢，一顿不吃饿得慌。"衣食是人的最基本需求，因此父母在物质上关心照顾孩子无可厚非，关键是物质上满足不是越多越好，有的家长是只要孩子在物质需求上提出要求，家长就有求必应，从不打折，甚至比孩子要的还多。

据老师说，有位"爱心"妈妈几乎每周都会找各种借口悄悄给孩子送吃的等东西，而这名学生除了考试成绩还可以，其他方面表现都很一般，吃不了苦，经不得挫折，曾经有一次考试成绩不好，好几天闷闷不乐。而且他考虑自己的事多，为班级和同学着想的少。可以说以自我为中心，平时不爱和同学交往，遇到什么事爱告诉家长，家长又护孩子。你说父母对孩子这样的爱是真爱吗？当一个人缺乏良好的心态、高尚的品质和精神追求时，他是难以有大的作为的。

2. 真正的爱不仅为孩子现在考虑，更要为孩子未来着想。

存在的不一定是合理的。孩子想要的，家长不一定都要满足。一个未成年的孩子难以抵制眼前的诱惑。很容易被眼前需要迷惑而不顾长远打算。因此父母对孩子的要求不能全部满足，要有取舍。比如饮食上要科学合理、营养健康、杜绝浪费，物质需求上不能攀比、适度消费。

说实话，在一孩化二孩化时代，在人民生活水平不断提高的今天，不少父母和祖辈对下一代的要求是有求必应，这不利于孩子良好生活习惯和优秀品质的培养。切记，父母对孩子无论照顾多么周到，将来他总要步入社会，成家立业，独自生活。

“温室里长不出参天大树”“桌子底下练不出好拳手”，父母要是真正爱孩子，就要对孩子未来负责，让孩子做些必要的家务，经历适当的挫折，甚至忍受必要的委屈，这样将来孩子毕业走向社会后才能应对在工作和生活中遇到的问题。

3. 真正的爱不仅要对孩子的文化课负责，更要重视孩子的综合素质。

家长对孩子文化成绩负责是必须的，毕竟这是升学选拔的重要参考依据，但上学毕竟不是目的，上学是获取知识、提高能力的重要途径，将来孩子能否成事，不仅要有优异的文化成绩，更要有综合素质和团队合作精神等。

爱孩子容易，真爱孩子难。对孩子的现在爱容易，对孩子的未来爱难。

只有对孩子全面负责的爱才是真正的爱，只有对孩子终生负责的爱才是真正的爱！

11. 管孩子容易养孩子难

中国女排教练郎平有句广告语是“打球容易赢球难，种地容易高产难”。今天我想补充一句是“管孩子容易养孩子难”。

孩子不好管应该是不少父母的感受。这里我先说一下，如果你说的“管”是培养的意思，我是同意的，因为培养孩子确实是一门学问，也可以说是一门艺术。但如果是指简单地管束孩子，我不完全赞同。所谓简单地管束孩子，就是管住了孩子的嘴，不让孩子说；管住了孩子的手，不让孩子动；管住了孩子的腿，不让孩子跑……应该说这不是多难的事情。

在中国人的传统里，养儿防老、光宗耀祖等思想根深蒂固，因此自古就有“管孩子”的传统。其方式大致有两种类型：一种是管束型的管，其特点是家长把孩子看作自己的私有财产或附属品，觉得既然孩子是自己生的，我就有权控制孩子，于是不把孩子看作独立的个体，从饮食生活到文化学习，从个人生存到与人交往，孩子都在家长的管束下成长，父母按自己的想法去要求孩子，不给孩子提供自主成长的空间，最后往往影响了孩子的健康成长或导致孩子的逆反。另一种是培养型的管，特点是家长根据孩子的性格特点、兴趣爱好和社会对人才的需求，对孩子及时提醒、教育引导。比如中国人传统的思想是看重孝道、谦逊礼让，在家人相聚时应长幼有序，认认长辈晚辈，以体现尊老爱幼；朋友们在一块儿吃饭时，排排大小兄弟，然后敬酒派酒，以示礼貌。如果谁家的孩子不知道大小，大家就认为父母没有管好孩子。这种培养式的管是应该的。所以说“管孩子”要会管，否则不仅在教育孩子上难以奏效，或许还会适得其反。

对孩子简单地管束靠的是家长的权势，它不需要讲道理，一般只要嗓门高、力量大就可以轻松做到，尤其是对小孩子的管。管束还能体现父母的地位，满足了有的家长爱以长辈自居、唯我独尊、发号施令的心理。但简单地管束是难以起到教育孩子的目的的，尤其是到了初高中的孩子，有时他对家长的管也不听了。而培养型的管则靠经验和方法，甚至是一门艺术，它需要家长根据孩子在不同成长阶段的性格特点去用心引导，不仅要教孩子学走路、学说话，还要教孩子学做人、懂礼貌；不仅教孩子学知识、长技能，还要提素质、树理想；不仅告诉孩子要做什么，还要告诉孩子为什么这么做；不仅自己教孩子，还要配合学校、社会做好孩子的教育工作。如果家长没有一点儿育人方面的知识是难以胜任的。

管束孩子有见效快的特点。迫于家长的压力和面子，孩子可能会在父母管的时候不敢解释而唯命是从、听话照办，可以起到立竿见影的效果。不过那往往是表面上和谐相处、心平气和，管得多了，孩子内心里就渐渐不服气了，长此以往还会对家长产生反感和无声的抵抗，到一定程度还会激化矛盾。而培养孩子则要求家长针对不同问题、考虑不同场合来对孩子循循善诱、批评指导、以理服人，能放下身段、敞开心扉地和孩子推心置腹、坦诚交流、平等协商，做到在原则问题上毫不含糊，在一般问题上尊重孩子的想法，有时一次教育沟通不行，还要多次交流。显然，培养孩子的工作难以一蹴而就，是一个漫长的过程，家长如果没有一定的耐心和方法是很难让孩子心服口服的。这也就是不少家长说孩子不好管的原因所在。

管住了人，不一定管住了心。也许你暂时管住了孩子，却丢掉了家长的威信，但如果你能培养孩子，他一定会打心眼儿里对你敬佩，进而增强了你的影响力。

优秀的孩子是培养出来的，而不是管出来的。孩子成长的过程，也是父母育人能力提高的过程。

12. 自律就是为了长远目标而抵御眼前的诱惑

大千世界，丰富多彩，对于未成年的学龄前儿童和学生来说，毫无疑问有着巨大的吸引力。

对稍小一点的孩子来说，千姿百态的自然现象、各式各样的玩具、变化无穷的变形金刚、美味可口的食品、步步升级的游戏让他恋恋不舍。而对上学的学生来说，课外书、手机、网络、酷车、香烟等非常容易引诱孩子尝试和上瘾，当然，异性同学的吸引也很容易让人走神和迷失方向。在这么多的诱惑面前，绝大多数孩子在父母的管理和学校的有效教育下，能够加以克制或趋利避害，但也有不少孩子因此而学习退步、落后，甚至堕落。

如何教育孩子不因眼前的诱惑影响健康成长和发展，我认为应该坚持堵和疏相结合的办法。一是结合孩子的年龄特点，从小加以必要的约束和引导，培养他的自律意识，对那些不该有的喜好，要给孩子讲明道理，加以限制和杜绝，不能一味地顺从和放任，必要时坚决制止。二是要及时对孩子进行启发教育，让孩子明白一个道理，即自己喜欢的不一定是应该做的，并帮助孩子明确学习目标，订立人生规划，树立远大理想。

自律就是为了长远目标而抵御眼前的诱惑。在我们教育孩子不要因眼前的诱惑而耽误长远发展时，当然家长要率先垂范呀！

13. 永远知足，永不满足

前几天，几个老同学有机会相聚，期间国家事、家里事，工作事、生活事，大家无话不谈、无事不提。其中张某某同学功成名就，房车俱佳，是一位成功人士，说话间有人调侃说："看人家张某某，看我们，作为同甘苦、共患难的同窗好友，人家要啥有啥，有的还在苦苦支撑，为啥差距就这么大呢?"大家你一句我一句接着话茬。"别这么说，我们没准儿还有机会呢!"一同学刚说出这句话，马上就有人回应说："行了，都五十拐弯了，该'切线'了，还奋斗啥嘞！端酒，大家干一杯!"

酒足饭饱回家躺在床上，回顾几十年的学习、工作、生活、奋斗过程，有遗憾，有庆幸；有错过，有机遇；有失意，有得意；有比上不足，更有比下有余。突然间想起了八个字：永远知足，永不满足。

"永远知足"是说一个人对目前的生活、工作状况的满意程度和态度。一个人的发展受到社会条件的制约，受家庭条件的限制，受个人能力的影响，有时还要受命运的安排，甚至还要等机遇的降临。如果你尽了最大努力，就要满足于已取得的成绩，珍惜现在的工作和生活，不要贪得无厌。不妨回想一下，你十年前的计划是什么？二十年前的奋斗目标是什么？三十年前的理想又是什么？现在工作和生活状况又是怎样？现实生活中，有多少人就是因为不知足而误入歧途，走上邪路。当你想到这些，也许心里就平静了许多，知道了今天的一切来得那么不容易。

"知足"就是幸福。

"永不满足"是说人不要满足于目前已取得的一点成绩，要善于在和周围人的比较中看到差距，找出不足。俗话说“人外有人，天外有天”，无论从工作上还是生活上，都要给自己提出更高要求和奋斗目标，不甘示弱，砥砺前行，努力创造美好的未来。

“不满足”就是努力创造更加美好的未来。

一个人的心态要平衡，多从纵向上前后比较，做到“永远知足”；同时不要安于现状，多从横向上左右对比，努力做到“永不满足”。

“永远知足，永不满足”，是一种健康的心态，更是一种积极的状态。

14. 别人可以夸你，但你别太把自己当回事

周末，同学和朋友吃饭，约我过去，盛情难却只好应酬一下。刚开始大家还略显拘谨，说话顾及他人情面，烟酒照顾他人感受，人人都像正人君子。但酒过三巡，菜过五味，大家的个性脾气开始显露，有外向开朗的，有热情健谈的，有耿直豪爽的，特别是说话间还互相肯定、夸奖、赞誉甚至恭维几句，这倒无妨，大家都可以接受，但后来有个赵某让我感觉不太舒服，该他“闯关儿”（每个人都要跟他喝酒）时，赵某端起酒杯想敬就敬，说罚就罚，弄得对方很不愉快。当然赵某本人也没少喝，并说什么：我在单位是管什么什么的，这方面离了我运转不开，别人谁敢说比我行，谁敢不服，一把手还得高看我一眼，等等。这我才知道，原来赵某在单位是业务骨干、部门领导，要不怎么这么“横”，一直在夸自己呢！

开始我还对他有点尊重，毕竟人家是专业能手，但散席后这种尊重渐渐消失，留下的是其人傲慢和自负的印象。

人各有志，人人有别，每个人都有自己的优点和缺点、特长和短

板，在本单位一定时间范围内，可能都有一摊难以被别人取代的工作。你做好了自然得到大家的认可，博得领导的喜欢，赢得同行的尊重和尊敬，但倘若自以为是，觉得自己了不得，目中无人，高高在上，则必然导致别人的反感和讨厌。

我们说“人贵有自知之明”。“贵”就说明难以做到，这是能力，更是品行和素养。当我们静下心来对自己的所作所为回顾和反思时，人们往往感觉自己做得多，别人做得少；自己正确的多，别人正确的少；自己的任务重，别人的工作轻。因此，能认识到自己的缺点和看到对方的优点都难能可贵。

看到自己的优点是自信，感到自己有缺点是虚心。看到别人的优点是方向，发现别人的缺点要引以为戒。

在一个单位，同事之间要相互学习、互相理解和尊重。有句话是“同行是冤家”，但还有一句话是“不是冤家不聚头”。这说明同事间要竞争，但也说明彼此是合作对象。我们怎能不把对方放在眼里呢？因此，我更认为同行、同事即便是冤家也应该是“欢喜冤家”，在专业性质比较突出的行业和部门更是如此。一个人越是谦虚就越会博得同行的尊重，而越是自以为是就越招致同行的反感。权力的影响力是暂时的、有限的，而非权力的影响力才是持久的、无限的。

“别人可以夸你，但你别太把自己当回事”，自信但不自负，能让别人对你发自内心地尊重才是应有的素养。

15. 高中，玩儿不得聪明

家长会结束以后，有家长围着我问这问那，其中有个家长焦虑地说：“我孩子从小就很聪明，一看一背就会，可是来到高中后孩子的成绩怎么也上不去了，咋办呢?”

我给家长说：“高中可不同于初中和小学，高中不能只靠聪明，高中更需要的是踏踏实实、专心致志、刻苦钻研。”

十多年前，我曾到湖北黄冈学习交流，期间抽空参观了新中国地质事业的开拓者和奠基人——李四光的故居，讲解人员说：“科学家李四光不仅仅聪明，而且学习非常刻苦!”

这句话让我一直铭记在心。试想，在我们周围聪明的孩子可是不计其数，但是为什么出类拔萃、成大事者寥寥无几呢？可见差别不仅在于是否聪明，还要看他是不是能勤奋刻苦，特别是升入中学以后。所以家长一定要对孩子正确引导、加强教育，让孩子尽快适应高中学习生活。

高中的学科知识体系拓宽，仅文化课就有语数外、理化生、史地政九科，还有通用技术、信息技术和音体美心等。特别是要求把理论知识和社会实际相结合，教育引导学生利用所学知识正确认识和解决社会现实问题。如果学生知识面狭窄，没有一定的社会知识和实践经历，仅靠脑子聪明是很难完成学习任务、保持成绩优异的。

高中知识的学习要求不同于小学和初中，初中以前学的知识更多的是记忆性知识，感性认识内容较多，知道“是什么”就行，需要更多的是形象思维。而初中以后的知识内容加深，形成了系统网络体系，不仅有“是什么”，更多的是“为什么”和“怎么办”，要求学生必须对概念、原理有透彻理解；不能只靠记忆背诵，还需抽象思维、潜心思考、刻苦钻研，需要动口、动脑、动手，进而培养理科知识的计算能力、基本的实验操作能力和文科知识的分析问题、解决社会问题能力。所以说到了高中不能只靠聪明，更要有严谨的治学态度，家长和老师必须教育学生在学习知识的掌握上，实现由识记知识点到理解运用的转变。

高中的校园管理不同于小学、初中。小学、初中阶段学生走读比较普遍，学生和家长在一起的时间长，方便家长对孩子的督促提醒。进入高中后，学生在校时间明显延长，如果学校是寄宿式管理，学生一般两三个星期才能回家一次。这样一来，学生的个人支配时间、空间逐渐加大，如果学生能自觉主动学习、接受老师管理还好，如果学习的自觉性较差，在学习上偷偷懒儿，玩玩小聪明，那是不可能专心投入学习中的，结果只能是虚度年华、浪费时间。

对一个真正聪明的学生来说，到了高中就要自觉主动并且有计划地学习，实现从“要我学”到“我要学”的转变。否则，他所学知识只能是一知半解、浅尝辄止，结果是聊起天儿来头头是道，落笔书写时漏洞百出；一瓶子水不响，半瓶子晃荡。那么三年以后，只能是后悔晚矣！

高中是一个人成长的重要转折点，是世界观、人生观、价值观的逐步形成期，家长一定要对孩子及时引导，学生本人必须有严谨的学习态度，加强自律，自觉学习。

聪明的人大有人在，成功者却寥寥无几。因为“成功＝99％的汗水＋1％的灵感”。

高中玩儿不得聪明，否则只能说明你要聪明、玩儿“小聪明”。

16. 谈“站着说话不腰疼”

从小我就听说过“站着说话不腰疼”这句话，意思是说一个人不设身处地替别人着想却是高谈阔论，爱说好听话；也比喻一个人不了解实际情况，只管口头讲述，眼高手低，脱离实际。

但我一直不理解，难道“站着说话不腰疼”，“坐着说话就腰疼”吗？近日我专门查了一下资料，原来这是出自先秦时期秦孝公和商鞅对话的一个故事。

故事说：秦孝公宠臣景监将商鞅（卫鞅）引荐给秦孝公，孝公在朝殿与商鞅纵论治国经纶，景监作陪。当时孝公端坐，商鞅、景监长坐（即把膝盖跪于地，双足垫于臀下），自晨昏畅谈至日暮，商鞅说到激扬处忘形于礼，起身立于殿中侃侃而谈，浑然不觉。景监长跪一日，身心俱疲，见君臣并无结束之意，遂频频向商鞅暗使眼色，意即打住。但商鞅并不理会，直至二更才由孝公打断，赏赐御膳而去。席间商鞅问景监为何频使眼色，景监道："我跪得浑身都麻木了，酸软如泥，你倒站着说话不腰疼。"

后来这句话就流传下来了，不过含义经过世代演变，已经发生了很大的变化。那么，我们怎样才能避免被别人指责"站着说话不腰疼"呢？

一、换位思考，设身处地站在对方角度考虑问题

"一千个读者就有一千个哈姆雷特""仁者见仁，智者见智"。一个人和一个人的成长环境不完全一样，生活阅历也尽不同，当然看问题的角度也难以一致。这时如果不能站在别人的角度去想事情，理解对方的想法和做法，认为你自己想到的别人也应该想到，自己该做的事别人也要自觉去做，自己能做到的事别人也该做好的话，那往往会事与愿违，很容易不理解或误解别人，进而对他人就会指责埋怨，这时他人往往会给你一句——"站着说话不腰疼"。

如果我们能换位思考，就容易做到想人所想、想人所难，也才能多些理性，少些冲动；多谢理解，少些埋怨。

二、深入实际，体会他人的辛苦

"站着说话不腰疼"很多时候是说有的人只知道高高在上，发号施令，高谈阔论，而不是深入实际了解一线的实际操作，往往是指手画脚，主观臆断。这样的人说起理论来是海阔天空，头头是道，比谁都强。但实际一操作啥也不是，被人称作语言的巨人、行动的矮子。

现实工作中确实有这样的领导干部，官僚习气严重，习惯于“坐着车子转，隔着玻璃看，照着稿子念”，工作检查中指责的多、理解的少；空喊的多，实践的少；要求的高，操作起来难。很容易招致下属的反感，老百姓的抵制。

弯下腰、扑下身子深入实践，了解一下实际工作，就能感受到他人生活和工作的不易，就能拉近和下属、和老百姓的距离，也才能成为老百姓真正的带头人和领导者。

对一个有自知之明的人来说，“站着说话不腰疼”不是指责埋怨他人的口头禅，而是自己的修身养性和为人处事之道。

17. 这不是孩子的错

一个周六的傍晚，我在小区附近散步，当走到邯郸南湖公园游乐场门口时，忽然看见一个小男孩坐在地上腿蹬胳臂晃地哭闹，还捂着眼抹着泪。

“快起来!”“我走了啊!”“我不管你了啊!”妈妈一边说，一边摆出要走开的架势。

我稍微走近一看，原来男孩儿是在假哭，不时停下来隔着手缝看看妈妈的举动，当看到妈妈走开几步时，“哭”得更厉害了。

“咱明天再来玩儿，人家下班了”，妈妈又回来蹲下来和孩子说话。这时我才明白怎么回事，原来是孩子在游乐场玩骑马游戏没有玩够，想继续玩，所以坐在地上赖着不走。妈妈干着急也不知如何是好，这时爸爸好像是结了账走了过来，当看到孩子哭闹时，也没有过多地说服批评孩子，更别说吵了、打了。

“宝贝儿，听我说，别哭了，咱们再过去看看，如果人家游乐场下班了，咱们就回家，如果没下班咱们再继续玩，好不好?”

小男孩儿一听到爸爸说这话，马上停下哭闹，抬头看看妈妈便起身而去。这时爸爸还不忘补充一句：“这孩子真不听话!”

我看着一家三口又走向游乐场，不知说什么才好。

是孩子错了吗?如果错了，为啥爸爸不去说他、吵他、阻止他，妈妈也不坚持呢?我认为，孩子哭闹固然不对，但真正的问题是父母的溺爱和错误的教育方式。

一、家长对孩子的要求不能一味顺从

孩子的个性爱好不同，做自己愿意做的事情可以培养兴趣、开发智力。但并不是说孩子喜欢的都是应该的，这要看内容、分时间、看场合，该鼓励的鼓励，该引导的引导，必要时家长要及时劝阻和制止。阻止未成年的孩子不合理的喜好和让他做一些应该做但又不喜欢做的事情是需要外在强制力的，我们经常看到小孩子会在可口的食品摊位前驻足不前，也会在一件漂亮的衣服面前流连忘返，也可能在心仪的个人用品前面恋恋不舍，更会在浓厚兴趣的游戏面前不顾吃饭。只有在孩子长大懂事后才能靠本人的意志力和自觉性抵制不合理的诱惑，才能自觉行事。

让孩子静下心来做自己年龄段该做的事需要大人的引导，拒绝不合理诱惑更需要家长的及时的阻止，这就是给孩子订立规矩。当孩子的要求有利于身心的健康，学习的进步和综合能力的提高时（如一次有意义的参观游览活动等），家长可以满足孩子的要求，如果是纯粹地玩耍，则要适可而止。对于孩子不合理的要求，家长绝不能应和迁就，更不要给孩子养成得寸进尺的坏习惯。

从前述那个男孩的表现看，家长对孩子的要求是无原则满足，肯定不利于孩子健康的成长。

二、父母双方要意见统一，不能给孩子利用的机会

在孩子培养教育方面，最忌讳的就是父母双方一吵一哄、一严一松，更要杜绝相互矛盾。对一个未成年的孩子来说，一件事情该做不该做、家长意见不同时到底谁对谁错还是难以有正确判断的，这时他的标准就是谁能答应他的要求，满足他的欲望。谁答应他谁就对，谁就好。这时如果父母亲态度统一，一唱一和，给孩子一个明确的该做不该做、能做不能做的信号，就是最好地对孩子习惯的培养。相反，如果父母亲对孩子的要求模棱两可或意见相左，则一定会让孩子在大人间找到利用的机会，满足自己不合理的要求。

在这个事件中，如果小男孩的爸爸过来后配合妈妈给孩子一个明确的拒绝态度，打消孩子不合理的念头，我相信孩子一定会停止哭闹，起立走人。

孩子利用父母的分歧来满足自己的不合理要求不利于孩子的健康成长，不利于孩子良好习惯的养成，甚至可以说是对孩子的伤害。

这次小男孩的哭闹表面是孩子的错，其实是家长的错，“惯子如杀子”，真正应该反省和改变的是父母的教育方式。

18. 学生还是穿上校服好

爱美之心，人皆有之，一个人注意一下穿着打扮无可厚非，但对学生来说还是要谨慎为好。

昨天，一名学生因多次不穿校服，我把家长约到学校，从刚见面家长的态度可以感觉到，家长对孩子不爱穿校服并没有当作是多大的事，似乎感觉我有点小题大做。但是，在我们把孩子在学校、家里及校外的表现沟通交流后，家长才意识到孩子的穿着打扮不是小事，才共同找到了孩子习惯不好、成绩下降的原因。

说到校服。我觉得可以从 20 世纪初的“五四装”说起。相信大家会在脑子里回想起电影和照片上的20世纪初在北京大学生中间流行的“五四装”，男生传统的长袍马褂倒不显眼，但女生中西合并改良版的布衫和过膝裙可是端庄大方、时尚高雅，体现了新文化运动的进步和民主气息。自此，各个年代校服的款式不管如何变化，都留下了时代的烙印，反映着社会的进步和变革。于是，校服也就成了一个时代青年学生的标志。

一件好的校服本身就是对学生的教育、引导和约束。但是随着社会的开放和思想的解放，有的学生过于追求个性的展示，不愿意受到校服的约束，条件好一点的家庭更是不惜在服装上给孩子加大投入，于是在该不该统一定做校服和严格校服穿着上出现了不同声音。我认为，学校给学生统一校服对学生成长发展来说明显利大于弊。

一、身着校服可以增强学生集体认同感，提高自我约束力

如果留意一下，我们在街上一看学生的服装就知道孩子是哪所学校的学生，可以说校服就是一所学校的名片，而那些知名中小学更是看重校服的影响力。

中小学生通过文化知识的学习和社会活动的开展，对社会渐渐地有了了解，中小学这段时间是他们的世界观、价值观和人生观的形成期，他们的思想和行为若没有约束和引导，很容易受到外界不良信息和习惯的影响，而一身校服就是身份的象征。统一着装可以强化学生的自我约束力，激发学生的集体荣誉感，它可以时刻提醒学生：穿上校服后，我就不仅代表自己，还代表学校，我就应该向优秀学哥学姐看齐。因此用校规校纪来规范学生的言行，维护学生自身和学校的形象，能强化学生负责担当的意识。这也是学校在组织学生外出活动时一定要求学生身着校服的原因，就是希望它成为一道美丽的风景线，展示本校学生积极向上的精神面貌。

二、身着校服可以削弱学生的攀比心理，强化学生的平等观念

现代社会媒体高度发达，广告铺天盖地，明星代言盛行，这对青少年的消费观念影响很大，“有钱的争相穿名牌，没钱的也要穿冒牌”现象在孩子们中间暗流涌动。

青少年的好奇心强，感性认识多，理性思维少，很容易产生从众心理和攀比心理。当时尚品牌和款式在市场上流行时，很容易跟风趋同。对学生而言，如果在穿着上不加约束和限制，就会花样百出，互相攀比。反之，如果学校能统一规范着装，就会在很大程度上削弱学生重外表的不健康风气，强化学生的平等观，也能培养学生勤俭节约的传统美德。

三、引导学生专心致志，努力学习

我给老师们说过：“学生是否学习用功，不在课上，而在课下；学生是否专心学习，完全可以从穿着和发型上推断出来。”当学生知道学习时，他会珍惜课上课下该学习的每一分钟，当他精力分散、被不良爱好吸引时，必然会通过课下的不爱穿校服、不规范穿校服、修改校服和化妆发型等表现出来，目的是显示个性，引起同学注意。所以，要求学生统一着装，不仅是便于学校管理和检查，更是学生专心学习的要求和学生身心健康成长的需要。

为此，我给家长提几点建议：

第一，配合学校做好孩子的监管工作。当孩子到了上学年龄后，孩子教育的主阵地就逐渐由家庭转移到了学校。这时，家长一定要配合学校做好孩子的教育工作，做班主任教育的支持者，当学校管理的同盟军，对学校的要求要大力支持，对班主任的工作要密切配合。如果认为学校要求有不妥的地方，可以和学校及时沟通，不要在孩子面前采取抵触、不配合的态度和做法。

第二，善于从衣着打扮上发现孩子身上的问题。孩子注重打扮不外乎三个原因，一是通过穿着引起同学甚至是异性同学的注意，对高中生来说，还有可能内心有早恋倾向。二是通过奇装异服引起同学注意，找存在感，这多半为学困生。三是攀比心在作怪，这往往是家境较好的学生。这些情况都会让孩子分散精力，影响学习。因此，家长一旦发现孩子有上述倾向，一定要及时和老师沟通，分析原因，加强教育，共同引导孩子步入正确轨道。

第三，教育孩子适度消费，不要攀比。随着经济的发展，人们的生活水平不断提高，人们吃不饱穿不暖的日子已成为历史，给孩子买件衣服，让孩子穿着打扮时尚一点儿完全可以理解，但要适度，绝不要让孩子出现攀比心、踏进奢侈圈。

孩子过度消费固然有社会风气影响，但家长引导教育不当也难辞其咎。大人辛辛苦苦创造了财富，让孩子在物质消费上享受一点儿未尝不可，但不要助长孩子虚荣、贪图享乐的习气，形成错误的消费观念。当孩子在着装上有不合理的要求时，家长要坚持原则，讲明道理，不轻易妥协，让孩子养成珍惜父母劳动成果的科学适度的消费习惯。

最后再次提醒家长：孩子的穿着打扮不是小事，是会影响孩子成才的大事！

校服，还是穿上好！

19. 孩子要高考，家长怎么办

——高考前家长应注意哪些问题

一年一度的高考不只是考学生，在某种意义上也是考家长。

备考进入最后的冲刺阶段，对学生的心理、体力、耐力都是一次考验，这时候，家长要以一颗平常心对待孩子的高考，别过高过低估计孩子的成绩，更不要指望孩子在高考中有什么奇迹发生。家长要配合学校做好学生的后勤保障工作，给孩子营造一个和谐的家庭氛围，使学生敢于面对高考的选拔，以积极的心态迎接挑战。为此，提醒家长在高考前注意做好以下工作。

一、要理智镇静，勿情绪急躁

家长保持稳定的情绪有助于考生心理的镇定。越是临近高考，家长越要镇定自若。有些家庭孩子参加高考，家长显得比孩子还要着急，不是问成绩，就是问表现；不是问孩子，就是问老师；不是问个没完，就是只字不敢提。

家长保持愉快的情绪，对孩子的考试充满信心，就会对孩子产生积极的影响，有利于增强考生高考必胜的信心。

二、要放松心态，勿增加压力

家长要给孩子传递这样的信号——只要尽力就行。这有利于减轻考生的压力，有助于考生轻轻松松上考场，发挥理想成绩。

有个别家长爱给孩子预估高考分数，甚至制定出每门课分数指标，这无疑会给孩子带来巨大压力。为避免给孩子带来压力，家长考前阶段该做的就是培养孩子胜不骄败不馁的正确心态。

三、多肯定鼓励，少批评指责

备考至今，可以说孩子的文化成绩和学习、生活等习惯不会再有大的变化，这时家长不要指望孩子能在短时间里提高多少分数、纠正多少问题、改正多少不足，不要盯着孩子缺点不放，而是要多看到孩子的长处和各方面的进步，多提醒、多肯定、多鼓励，少抱怨、少指责、少批评，给孩子一个和谐的氛围。

四、多关心孩子生活，少“关心”文化成绩

家长要在孩子饮食上及时过问，适度关心，努力使考生体力充沛、精力旺盛，避免饮食不当造成身体不适，影响考试心情。家长还要对孩子的考试用品、准考证、身份证等提醒过问，对到考场的路线、赴考场的时间做必要的安排。文化成绩上不要轻易发言表态，必要时先和班主任及科任老师沟通。

五、多暗中支持，少显性照顾

家长不必打破日常生活规律而刻意给孩子创造一种轻松的氛围。高三学生通常每天都要学习到很晚，身体的生物钟已经在某种程度上适应了这种节奏，若突然打破了反而会感到不适。个别家长平常对孩子疏于关心，却在考前过分照顾，又是接又是送，甚至在短短几十天租房陪读，这无形中给孩子增加了压力。

其实，家长最好的关心就是在考前把平常做的工作做得更好，让孩子在不知不觉中得到照顾，使孩子以一颗平常心步入考场。

20. 知道什么叫“失败”不如懂得怎么算“成功”

几年前，我曾经到高三年级的一个班听班会，班会上老师先安排学生看一位演讲家的励志报告视频，学生当然是聚精会神、全神贯注。

报告中这位演讲家说得是振振有词，讲得是声情并茂，在报告过程中还有互动环节，其中一个是问在场的观众：“谁给我说一下，什么是失败?”

大家七嘴八舌议论着，当然没有让他满意的回答，随后他说：“告诉你们吧，失败就是暂时的不成功。”大家点头同意。

观看完演讲后，班主任老师进行了认真的总结，结合演讲告诉同学们要正确对待自己目前的成绩，及时总结经验，查找不足，不断完善，着眼高考，不要因眼前的暂时失败而失去信心，铭记“失败是成功之母”的道理。同学们当然是收获不小。

最后班主任老师要求我给同学们说几句，我沉思着并走上讲台。

“同学们，失败是什么?”

“失败是暂时的不成功!”大家异口同声。

“说‘失败是暂时的不成功’我能认同，那什么是成功呢?”我问台下的同学。

这时同学们用惊讶的眼神看着我，我又问了一遍：“同学们，谁给成功下个定义?”

“没人回答，那我给成功定义一下吧，你们看是否合适。我认为，成功就是发挥出自己的最好水平。你们同意不同意?”犹豫片刻后，大家报以热烈的掌声：“同意!”

每个孩子的兴趣爱好和发展潜质不同，不同学生的文化课基础也有差别，只要他在学习过程中尽了最大努力，做到了问心无愧，在考试中能把自己的最好水平发挥出来，他就是一个成功者，我们就应该给他点赞。如果我们简单地根据结果给孩子定位成功或失败，那所谓的成功者也许没有做到全力以赴，结果是骄傲自满，不思进取；失败者也许已经竭尽全力，结果是士气消沉，没有信心。

对心智已经成熟的成年人来说，“失败是成功之母”很有道理。但对于未成年的学生来说，还是让他知道什么是成功更有启发意义。

作为家长和老师一定要正确看待孩子的成绩，不要简单地以成绩好坏论英雄。与其让孩子知道“失败是暂时的不成功”，不如让孩子懂得“成功就是发挥出自己的最好水平”。

21. 心灵手巧

“心灵手巧”出自清初戏曲家孔尚任的代表作《桃花扇》，其中写道：“香姐心灵手巧，一捻针线，就是不同的。”意思是说女子心思灵敏，手艺精巧。

可以说，每个家长都希望孩子心灵手巧、聪明能干。但是在实际生活中，我们不少家长是重视孩子的智力开发，忽视孩子的能力培养，也就是重视“心灵”，忽视“手巧”，这并不利于孩子的全面发展和综合素质的提高。

我校在抓好学生文化课学习的同时，历来重视学生综合能力的培养，比如“科技文化艺术节”“体育节”“宿舍文化节”定期举行，“水火箭比赛”“纸桥大赛”等手工制作每年展示，这些活动的开展得到不少家长的支持，高校也对此给予了充分肯定。我校的毕业生受到大学的青睐。某知名高校招生办主任亲口给我说：“我们特别希望招到邯郸市一中的学生，因为你们学校的学生素质全面，到大学后发展潜力很大。”

但是现在有不少的孩子文化课学习成绩不错，可动手能力差。比如地不会扫、床不会整、铺盖不会叠，基本的学科实验不敢操作，难以把书本上的知识变成能力和技能。

在学校举行的一次纸桥比赛过程中，我看到有的参赛的学生不怎么会用剪刀，折纸、撕纸不熟练，影响到了比赛的进程和成绩。赛后我过去给他们做示范，告诉学生应该怎么折、怎么叠、怎么剪、怎么撕，几个学生竟喊着：“刘老师太厉害了，你为啥不早教我们呀?”我很吃惊，因为不是我的手巧，而是有的学生的动手能力太差了。

“心灵”和“手巧”是相互促进的，心灵孩子的动手操作能力易于培养；同时实践活动不仅能提高学生的动手操作能力，还能更好地激发孩子的好奇心和探究能力，进一步促进孩子的智力开发。

著名教育家陶行知说过：“生活即教育，社会即学校。”但我们有的家长对孩子过分呵护、溺爱，不是勇于带孩子走出家门、来到社会，“接受贫下中农再教育”，而是乐于把孩子关在家里，重视书本教育。即便让孩子出去了，也只是补补文化课、学学竞赛什么的，使孩子成了学习的机器。

一些学校也是关起门儿来办应试教育，就是课间的10分钟，以为了学生的安全为名，除了上厕所也不让学生自由活动。结果是简单地教出了一个个考生，但没有培养出学生适应社会的能力，也就是我们所说的“高分低能”。不少的大学毕业生也是爱思考的多，想行动的少；能说会道的多，会动手实践的少；大堂上大道理讲得天花乱坠，到基层实际工作时都是畏手畏脚。

学生只有在社会实践中才能更好地掌握课本知识，也只有在实践中才能受到启发，获得新知，也就是实践出真知。

“心灵”需要启发教育，“手巧”更需要我们不断培养。“心灵手巧”需要转变国家的考试教育体制和人才选拔方式，需要对教育方向加以引导，实现由看重学历到知识和技能并重的转变。

2021 年国家出台了《关于进一步减轻义务教育阶段学生作业负担和校外培训负担的意见》，简称“双减政策”；2022 年又颁布了新修订的《职业教育法》，明确提出教育要培养学生德智体美劳全面发展，而且中等职业教育和普通高中教育要协调发展、适当分流。这是对“心灵”和“手巧”两方面重要性的充分肯定。

希望我们的孩子在“心灵”的指导下更加“手巧”，在“手巧”的过程中更加“心灵”，使“心灵”和“手巧”相互促进，共同提高。

22. 别走的路远了，就忘记当初为什么出发

“别走的路远了，就忘记当初为什么出发。”这句话是谁先说的，我没有查证，反正从十多年前起我就不断地给学生提醒。

每年秋季新生入学，我都会接触不计其数的学生，从他们的言语神态看，尽管很少有学生对过去的成绩十分满意，但几乎所有的学生对未来都信心十足、踌躇满志、志在必得。即便是那些在小学、初中

虚度时光的“差生”也都悔不当初，发誓要“重新做人”。正因为如此，在每学期开学之初的一段时间里，每个学生的自控力都很强，课上认真听讲，课下自觉作业，可以说不用老师督促检查也不会有太多的问题和违纪现象发生。但好景不长，一两个月过后，违纪现象渐渐显现，不自觉学生抬头露面，结果一年半载后有的学生开始悔恨，再长点时间甚至有人开始破罐子破摔、自暴自弃。究其原因就是丢了初心，忘了“当初为什么出发”。

现在不少的学生从小生活在优越的家庭环境中，学习动力不足，奋斗目标不明，甚至觉得不是在为自己的未来，而是在为了父母的面子、实现家长的愿望打拼。这样的学生往往在刚升上新的台阶时，他可能好好学习，能做到自律，但过不了多久，便禁不住诱惑，迷失了方向，经不得挫折，克服不了困难，导致退却和逃避。

孩子如此，我们成人要保持清醒头脑也并非易事。刚离开学校步入社会、走向工作岗位时，我们曾信誓旦旦，一定要混出个模样，于是勤勉谨慎、任劳任怨。但稍有成绩，有的人便沾沾自喜、不思进取，不是安于现状，就是争名争利。刚被提拔重用时，可能豪言壮语，但在前行的路上没有多久，有的人便迷失了方向，不是立场动摇，就是被糖衣炮弹击中。

初心易得，始终难守。在前行的路上，我们不妨经常提醒一下自己：无论路程多么漫长，都不要迷失方向，忘记初心。

既然选择了远方，那就要风雨兼程，耐得住寂寞，禁得住诱惑，受得了磨难，经得起考验。

请记住：成功永远属于那些不忘初心、坚持到底的人！

23. 高分是这样考出来的
——自信进考场，轻松赢大考

精神就是力量。2010 年冬奥会短道速滑冠军王濛勇夺三块金牌，在摘得短道速滑 1000 米冠军后接受记者采访时说："除了精神，今天我什么都不行。"

高考对学生来说就像是一场决战，十年寒窗，为此一搏，家长的默默期待、老师的谆谆教诲、就业的困难现实和高考的激烈竞争，无形中给学生带来莫大压力。作为高考的主角——考生，绝大多数能勇敢面对高考，顺利实现人生转折；而一部分学生则害怕失败，甚至选择逃避。那么，大考前夕学生应该保持怎样的精神状态呢?

一、制定切实可行的考试目标——合理定位

学生的成绩不可能一成不变，每次考后都会或大或小起伏波动，特别是进入毕业冲刺阶段后，竞争更为激烈，成绩变化更为明显，这时有的学生不能正确定位，考前彷徨不安，紧张焦虑。

考生对自己成绩的合理定位并不复杂，学生近几次的模拟考试成绩或名次最有参考价值。具体估算方法是：近两三次大型统考的平均成绩或名次就可视为自己目前的真实水平，也就是给自己的成绩定位。最后的考试成绩只要不是明显高于或低于这一水平，都属正常发挥，否则就是超常或失常。合理的成绩定位会让学生满怀希望、提高勇气、增强信心，让学生永远保持乐观向上的精神状态。

二、考生要敢于面对考试竞争——有必胜信心

我们常说，成功＝实力＋心态。学生成绩好坏当然离不开平时的刻苦学习和知识的不断积累，但是学生临场精神状态也很重要，尤其是平时成绩旗鼓相当的学生更是如此。我们知道，有不少成绩不错的学生一到大的考试就不尽如人意，甚至发挥失常，原因就在考前心态不好，害怕失败，结果却偏偏失败，而不怕失败的考生往往取得更多的成功。正因为如此，“对高考结果做好最坏的打算”不失为一种良好的考前心态。鉴于此，作为“名校”的学生一定要相信自己的实力，敢于竞争，善于挑战，胸有成竹；而作为普通学校的学生只要定位合理、目标适当、不盲目攀比，也一定能在高考中取得理想成绩。

三、考生要正视高考成绩——坦然面对

身为多年的学生管理教育工作者，我接触过很多家长，绝大多数家长能正确对待孩子的高考成绩，对孩子上大学的期望是合理的、务实的，一般要求孩子只要尽力就行。所以说，考生心理压力大，更多的还是来自自身，来自自己强烈的自尊心和责任感。这里我提醒学生的是：任何事情都是一分为二的，过分看重结果，把考试成绩好坏看作是对父母的报答和对老师的感恩，不仅不利于成绩发挥，反而会增加心理负担。对自己负责、对父母负责不能只看在结果，更要看学习过程，只要你平时已努力学习，下了功夫，那么，家长对你的高考结果不会过分在意，自己对成绩也不要斤斤计较。

希望考生们放下包袱，挺起胸膛，满怀信心，将考试结果置之度外，坦然面对考试，轻轻松松步入考场，迎接你的必将是胜利的曙光。

24. 给人生交一份满意答卷

——致高三学生的一封信

亲爱的同学们：

大家好！

如果说12月份理化生、史地政学考过后就要有高三意识，那么5月份语数外大三科学考的结束就意味着你们驶上了高考备考的快车道。高三改变命运，高考决定未来！高考备考阶段的教育教学要求和平时有所不同，你要做好思想准备。

第一，要做好从学生到考生的身份转变。

学考前你们是高中生，老师对你们的要求是“该学什么学什么”，要具备一名高中生基本的学科素养，提高综合素质；将来升入大学后你可以是“想学什么学什么”，以发挥自己的学科特长，挖掘学科潜质，并在潜质学科上有所建树。那么在随后一年的高考备考阶段，你就要“高考考什么学什么”，把自己当考生而不仅是一名学生，以提高你们的应试能力。

第二，不仅要看重单科分，更要关注科目总分。

高考录取按六科总分画录取分数线，只有在高考总分一样，所报高校需要专业调剂时才会参考你的学科成绩。所以高考备考这一年你不能扬长避短，而应该是扬长补短，对自己喜欢的学科要扩大优势，争取多提分，在弱科方面要狠抓基础，迎头赶上，尽量在高考时少拉分。这样六门课程都不忽视，以强化总分意识，把提高总分作为备考的追求目标。

第三，在高考备考阶段，学生之间既是文化成绩的比拼，更是一种精神状态的比拼。

备考这一年，需要同学们拿出永不服输、勇往直前的精神。那就是：特别能吃苦、特别能坚持、特别有信心、特别有担当、特别有作为的精神状态。一个没有理想的人，是不会有志气的；一个没有志气的人，难以有所作为。一个没有强大精神动力做支撑的人，是耐不住寂寞的。因此，在今后高考的备考时间里，与其说拼的是时间，不如说拼的是精神状态。

鉴于此，在高考备考的快车道上我给大家提三点要求：

一、目标明确

有人说："理想是灯，指引前行的方向。理想是光，照亮前行的路。理想是沙漠中的一眼甘泉，让干枯的行者看到生的希望。理想是歌，奏响生命的乐章。理想是船，带你驶向成功的彼岸！"既然我们已驶入备考的快车道，那你的目标必须明确，那就是6月7日、8日的高考，请你在老师的教导下，有计划按步骤地复习推进，从一轮备考的"课本为主，章节复习"，到二轮备考的"重点突破，专题练习"，再到三轮备考的"高考冲刺，模拟训练"，以及最后阶段的"回归课本，错题纠正"，你时刻都要思路清晰、目标明确，认真落实好每一阶段的备考任务，即便在备考路上有"跌倒""荆棘"和"一行行眼泪"，只要你胸怀理想，敢于拼搏，不断总结完善，就没有翻不过的山，就没有蹚不过的河，就可以一步一个脚印，驶向理想的彼岸。

二、精神集中

我们知道，在高速公路上有各种各样的情况影响到司机的注意力，有路边美景吸引眼球的，有变道超车的，有因故障临时靠边的，司机稍一走神就可能发生交通事故。那么在接下来备考的快车道上，有没有让你分心的事情呢？我想在所难免，比如异性同学的吸引、化妆品的诱惑、玩游戏时的快乐、上网时的轻松等，都可能是影响你高考注意力、让你分心的"美景"。其他同学的加倍努力迎头赶上，就是备考路上的"变道超车"。个别同学如果不能正确对待备考中遇到的问题而情绪低落、士气消沉，甚至暂时的放弃，就是备考路上的"靠边休整"。为此，我再次提醒同学们把全部精力投入备考中来，不要专注化妆，不去倾心异性，不能希求享福，不要玩心不减，而要心无旁骛、专心致志，真正做到"不因虚度年华而悔恨，也不因碌碌无为而羞愧"，努力做最好的自己，不辜负父母的期望，对得起老师的陪伴和辛勤付出。

三、做好充分的思想准备

进入高考快车道，同学们要有充分的思想准备。提前加满“油”，不到“服务区”不能休息；精力充沛，前行的路上不能打盹儿；正确面对各种挑战，既要允许别人“超车”，自己暂居下游，更要卧薪尝胆、咬紧牙关，找机会迎头赶上。所以，这一年你要有一个强大的精神支柱，坚定理想，正确面对遇到的各种困难，即便是“昨夜西风凋碧树”，你也要“独上高楼，望尽天涯路”；不管多苦多累，哪怕是“衣带渐宽”“人憔悴”，也要为了理想“终不悔”，只有这样才能在高考后的“灯火阑珊处”走进理想的大学。

同学们，高三备考是有点苦，但在你努力过后定会是甜蜜的收获；高三生活是有点单调，因为理想的实现需要执着追求。希望你尽快适应，不忘初心，让理想时刻能照亮你前行之路，用实际行动将今天的理想变成明天的现实。

同学们，高三是短暂的，你要咬紧牙关，伏案苦读，给母校、老师、同学留下美好的印象。

同学们，高考冲刺的号角已经吹响，高考这场没有硝烟的战斗已经打响，这就意味着 6 月 7 日、8 日将是自己的战场，你们不再是旁观者，你们都将走上战场，迎接挑战。

预祝同学们：敢于挑战！砥砺前行！无怨无悔！实现梦想！

刘天龙

25. “跑出”精彩的明天

新学年、新环境，新目标、新追求。在新学年到来之际，我想到了几年前我看过的一篇文章，题目好像是“奔跑的世界”，文章写道：

每天清晨，当朝霞从东方升起，太阳刚刚露出笑脸时，自然界里的大大小小的动物便开始了奔跑。最先跑起来的是羚羊，羚羊的跑是为了生存，寻找食物与水源；猎豹也开始奔跑，猎豹的奔跑是为了生存而去捕捉羚羊。这时羚羊只能以更快的速度奔跑，一是寻找食物和水源，二是尽早躲避猎豹的攻击，如果猎豹跑不过最慢的羚羊就可能饿死，而羚羊跑不过最快的猎豹就意味着被吃掉甚至种群的消失。文章还说道：植物在奔跑、非生物在奔跑、太阳系及河外星系也在奔跑。这就是生物学家达尔文说过的自然界的物种生存法则——“物竞天择，适者生存”！

我想，岂止自然界万事万物在奔跑，人类社会诸方面不也在奔跑吗？比如，交通工具在“奔跑”，马路发展成了铁路，马车发展成了高铁，古时候又重又笨的木头轮子人力马车跑一整天的路程，如今眨眼工夫，就被高铁“跑”没了；还有通讯方式在“奔跑”，古代的一封家书数月难收，近现代的电报需要解码传发，现如今，电脑一开，邮箱一发，手机一按，微信一点，于是千言万语、视频聊天、容颜表情便“跑”到了千里之外的家人和亲朋好友眼前，犹如面对面地交谈。

生产力是不断发展的，生产关系和上层建筑要不断调整变革，因此说人类的历史就是“奔跑”的历史，人类社会的文明进步是奔跑出来的。同样一个人、一个集体、一个团队只有不停地“奔跑”，才能“跑”出精彩的人生，创造出辉煌的业绩。试想，如果没有你过去的奔跑，就不会有现在的脱颖而出，就不会来到你理想的学校、升入更高层次的平台、开始崭新的学习和工作生活。

跑一步歇两步不等于跑，跑一半就躺倒，那跑过的一半也就白跑。同样，无目标、无方向的奔跑就是瞎跑，更要提醒同学们的是：逃跑是胆怯，是放弃，是耻辱，是对奔跑的背叛。

“强中自有强中手，一山更比一山高。”不管你现在处于什么位置和发展阶段，你都不要放弃、放松和骄傲，因为你放弃而别人仍在奔跑，你放松而别人坚持不懈，你骄傲而别人正在冲刺。希望我们能在奔跑中缩小和他人的差距，不断超越，把自己的优势进一步扩大，以优异的成绩感恩父母，回报社会，做最好的自己。

“生命不息，冲锋不止”，你不跑，他在跑；你少跑，他多跑；你短跑，他长跑；你慢跑，他快跑；你小步跑，他大步跑；你漫不经心地跑，他快马加鞭地跑；你一曝十寒地跑，他持之以恒地跑。

让我们每个人都去努力“奔跑”、享受“奔跑”，在“奔跑”中创造更加精彩的明天！